一本书学透理财经理攻略

郭　静◎著

中国财富出版社

图书在版编目（CIP）数据

一本书学透理财经理攻略／郭静著．—北京：中国财富出版社，2016.7

ISBN 978－7－5047－6168－2

Ⅰ.①一…　Ⅱ.①郭…　Ⅲ.①银行—金融产品—营销　Ⅳ.①F830.4

中国版本图书馆 CIP 数据核字（2016）第 138786 号

策划编辑	黄　华	**责任编辑**	姜莉君		
责任印制	方朋远	**责任校对**	杨小静	**责任发行**	邢有涛

出版发行	中国财富出版社		
社　　址	北京市丰台区南四环西路 188 号 5 区 20 楼	**邮政编码**	100070
电　　话	010－52227568（发行部）		010－52227588 转 307（总编室）
	010－68589540（读者服务部）		010－52227588 转 305（质检部）
网　　址	http://www.cfpress.com.cn		
经　　销	新华书店		
印　　刷	北京京都六环印刷厂		
书　　号	ISBN 978－7－5047－6168－2/F·2611		
开　　本	710mm×1000mm　1/16	**版　　次**	2016 年 7 月第 1 版
印　　张	14.25	**印　　次**	2016 年 7 月第 1 次印刷
字　　数	212 千字	**定　　价**	38.00 元

前　言

为什么你的销售业绩会遭遇瓶颈？为什么你的网点人气不足、客户量少？为什么你留不住高净值客户？为什么和你一起入行的同事收入比你高、成长比你快？本书将精准地指引你寻找答案。

客户需要理财，银行倚重理财，理财经理自然越来越吃香了。但究竟怎样才能摸透客户、搞清市场、玩转营销，在激烈的竞争中找到比较优势，通过提供差异化服务成为连接客户与银行不可或缺的纽带，继而通过打造特色品牌，成就金融业不可复制的神话呢？笔者通过多年培训实践所提炼出的经验和技巧，凝聚而成的本书，正是破解其中奥秘的“圣经”。

本书全面解析投资理财行业状况，精密剖析理财经理职业特点，归纳提炼金融产品营销技巧，推演再现各类客户沟通过程，集合一线理财经理实践经验，总结理财产品销售心得，突出新形势下金融机构理财业务创新亮点。

全书从专业视角出发，从理财经理岗位要求、理财经理素质要求、理财经理知识要求、理财经理技能要求四个方面讲述银行理财经理上岗所必须掌握的知识与技能。此外，本书特别加入了营销高净值客户的实战技巧，以案例与技巧相结合的形式，向广大理财经理更透彻、更清晰地展示金融大潮席卷下金融产品销售的新模式、新思路。

本书告别文辞晦涩、格式死板的通病，力求行文轻松、格式清新。诸多枯燥的数字运算也用场景式的对话形式体现，让读者在愉快阅读的同时，不知不觉地吸收丰富的知识内涵。

作　者

2016 年 3 月

目　录

第一章
理财经理的基本功

理财经理一直以其专业性、私密性、尊贵性给人以神秘感，那么理财经理的工作到底应该怎么做呢？本章将讲述理财经理应该具备的一些基本功。

理财经理的岗位认知

岗位认知就是对一个工作岗位的理解和认识，包括岗位职责、必备的知识、职业道德等。

1. 岗位职责

在理财业务实践中，对于理财经理岗位职责有如下归纳。

（1）优质客户挖掘拓展

通过系统挖掘、理财中心其他岗位人员推介、优质客户推介等渠道，主要在理财中心内部积极开发优质客户资源和优质客户关系维护；了解优质客户信息，建立并管理优质客户档案；有计划、规范性地进行客户关系管理工作；为优质客户提供优先、优惠和附加值服务；与优质客户建立长期、稳定的关系，提高客户满意度和忠诚度。

（2）为优质客户提供专业化的理财服务

根据客户需求为其提供专业投资理财建议和筹划，帮助客户的资产组合达到最优化，并定期调整，最大限度地满足客户需求、提升客户价值。积极开展针对优质客户的产品与服务营销。结合客户需求和产品特性，有针对性地向优质客户进行相关产品和服务的营销；向客户提供或者推荐组合型产品，不断提高交叉销售率。

（3）严禁泄露客户资料和个人隐私

严格执行相关经营政策及运作程序，密切关注市场及客户情况变化，积极防范风险，维护客户资产及权益。

2. 必备的知识

今天的金融市场，有着丰富的理财产品，要想吸引并牢牢黏住客户口袋里的钱，实现“财源广进”，以下几个方面的知识是理财经理必须具备的。

（1）理财基础知识

理财经理应该对理财是什么、理财业快速发展的背景和原因、理财发展的历史及现状等问题非常清楚。

（2）金融资产运用的基础知识

与经济金融有关的基础知识主要包括经济发展动向、财政金融政策变动、金融机构的种类和特征、利息的种类和分析、外汇汇率动向、股票和房地产价格变动等。理财经理在进行理财策划时，不能对客户做出诸如今后利率一定上升、股票一定上涨、所投资的外汇要贬值、房地产价格要下跌等断言，因为这样会误导客户。理财经理必须具备各种金融资产的运用知识，同时要对各种金融资产存在的风险有充分的认识。

（3）人生设计的基础知识

根据客户的人生设计，计算或分析客户的工资、养老金等收入和基本生活费、子女教育基金、住房资金、老年生活费等支出。从长远的角度为客户进行理财设计，这是理财策划的基本目的。理财经理对客户的人生目的充分掌握是很有必要的。通过相关分析，可以知道客户的孩子上学会不会发生赤字、购入期望的住宅以及偿还贷款等将对家庭生计产生多大的影响等，这一系列问题必须进行充分考虑。

因此，理财经理必须将客户的问题进行系统整理，这将有助于提出解决问题的方案，再根据现金流动分析相关的基础知识，为客户编制人生大事表和现金流量表，就能够分析掌握客户各种资金的数据，方便为其提供更加完善的理财服务。

（4）风险与保险均衡的理财设计知识

客户在进行理财投资时，往往会遇到市场风险、财务风险、管理风险、利率风险、通胀风险、经济大势变化风险、行业风险以及流动性风险。

理财经理为帮助客户合理理财，规避或转嫁风险，需要详细掌握客户的资产负债情况。理财经理必须明确各种保险类型的特点，要能够为客户进行妥善的保险设计。

（5）节税理财的基础知识

有关税金的咨询、税金申报等业务，按照税法的规定，这是税务师固有的业务，理财经理不能够单独从事这些业务。因此，理财经理在进行节税理财时，经常需要税务师的帮忙。理财经理也要加强对税法知识的学习，正确掌握个人所得税节税方法也是理财的一个重要方面。

（6）财产及财产转移设计的基础知识

我国几千年传统的“养儿防老”这一古训早已在中国人的心里根深蒂固，然而，科学的经济分析表明：一个家庭的资本流向大多是从父母流向子女，逆向流动只有极少数，换句话说，父母抚养子女要比子女回报父母付出得更多。父母们辛苦了一辈子，还要将一生的积蓄留给下一代。根据日本理财协会每年进行的理财策划情况调查结果表明，客户向理财经理咨询最多的是关于财产继承和赠予方面的问题。因此，在帮助客户进行理财策划的时候，必须满足客户“将财产尽可能多地留给下一代”的要求。

3. 职业道德

作为理财经理，一定要遵守职业道德。

（1）正直诚信

理财经理不能因为个人的利益而损害客户的利益。如果理财经理并非由于主观故意而导致错误，或者与客户存在意见分歧，且该分歧并不违反法律，则此种情形并不违背正直诚信的职业道德规范。但是，正直诚信不容忍欺诈或对做人理念的歪曲，要求理财经理不仅要遵循职业道德准则的文字，更重要的是把握职业道德准则的理念和灵魂。

（2）客观公正

客观是指理财经理是以自己的专业知识进行判断，坚持客观性，不带感情色彩。公正是指理财经理在执业过程中对客户、委托人、合伙人或所在的机构应持公正合理的态度，对执业过程中发生的或可能发生的利益冲突应随时向有关方面汇报。因此，理财经理应摒弃个人情感、偏见和欲望，以确保在存在利益冲突时做到合理公正。

（3）勤勉谨慎

理财经理在提供专业服务时，工作要及时、彻底、不拖拉，在理财规划业务中务必保持谨慎的工作态度。具体来说，勤勉就是理财经理在工作中要做到干练与细心，对于给客户提供的专业服务，在事前要进行充分的准备与计划，在事后要进行合理的跟踪与监控；谨慎就是要在提供理财规划服务中，从委托人的角度出发，始终保持严谨、审慎的工作态度，注意细节、忠于职守，在合法的前提下最大限度地维护客户的利益。

（4）专业胜任

作为一名合格胜任的理财经理，必须具备资深的专业素养，每年保证一定时间的继续学习，及时储备知识，以保持最佳的知识需求量。理财经理有义务在提供服务的过程中，既要做到专业，同时又要尽责，秉承严谨、诚实、信用、有效的职业素养，用专业的眼光和方法去帮助委托人实现理财目标。

（5）严守秘密

理财经理不得泄露在工作过程中知悉的客户信息。理财经理在工作中与客户建立个人信任关系，是基于客户相信提供给理财经理的信息不会被理财经理随意泄露。所以，理财经理必须恪守严守秘密的职业道德原则，确保客户信息的保密性和安全性。

理财经理的职业规划

作为理财经理，你有自己的职业规划吗？

要激发理财经理的营销积极性，首先要让他把自己的职业规划做好，这样，他做工作才会更主动，而不怕缺乏足够的动力。

如何做好职业规划？职业规划的目的，一方面是跟领导沟通未来的规划，另一方面是自我反省。在职业规划的内容上，对领导而言，你是在设定未来（可能短到一年内）预计达成的工作目标；对自己而言，你是在设定自我突破的规划。

规划是提高工作效率的有效手段，写职业规划实际上就是对我们自己工作的一次盘点，让自己做到清清楚楚、明明白白。可以说，规划是我们走向积极式工作的起点。

1. 制订职业规划的要求

（1）目标要数字化

只有形容词的空泛目标是没有意义的，所以要把职业规划的目标与内容数字化，例如时间化、数量化、金额化。

（2）行动要具体化

有了数字化的工作目标，还要附带有效的执行规划。

（3）学习要常态化

你应该同时制订年度的自我学习规划。公司对员工自我学习通常是抱持正面的态度，有些公司甚至规定学习规划是职业规划应具备的项目。

（4）沟通要面对面化

完成职业规划后，一定要面对面地与领导沟通，而不是只用电子邮件把职业规划传送给领导。面对面沟通的好处是你可以通过领导的表情与肢体动作，更清楚地了解领导对你的各项职业规划的看法。你也可以通过面对面的机会，告诉领导你的中长期目标，例如两年内希望从技术部门调往行销部门，或是三年内希望担任领导等职，请领导针对职业规划与学习规划给予建议。总之，不要把制订职业规划当作是交差了事的例行事项，应该借这个机会，重新检视自己的职场生涯规划。

2. 对职业规划的执行

计划终究是计划，能不能起到作用还要看执行效果。既然制订了接下来一段时间的工作计划，那么在平常的工作中，就要注意对计划执行效果的审视与总结。除了公司在日常管理中的考核以外，对于个人而言，也要留心职业规划的执行情况。当你发现偏离了职业规划时，就要检验是不是自己的工作出现了问题，这时要更加注意并及时调整。

首先，要调查清楚实际情况，只有根据本部门与现实相结合的情况，做出的规划才能被更好地执行。其次，每个部门在一个月内的职业规划应该拿到例会上进行公开讨论。目的有二：第一，通过集体智慧检查方案的可行性；第二，自己部门的工作难免要涉及其他部门，通过讨论赢得上级支持与同级其他部门的协同合作。除此以外，职业规划应该是弹性的。当职业规划的执行偏离或违背了我们的初衷时，就需要对其做出相应的调整，不可以为了规划而规划。在职业规划的执行过程当中，部门领导要常常跟踪检查执行情况与进度。发现问题的时候，就地解决并继续前进。因为中层干部不仅仅是管理人员，同时还是执行人员，不应只是做所谓的方向与原则的管理而对问题及现场不加以深入分析。最后，修订后的职业规划应当交由公司领导审核与签字，并负责跟踪执行与检查。

总的来说，制订规划的目的就是执行。对未来的预测，应当建立在客观实际的基础上，千万不可盲目地、无根据地制订规划。只有这样，才能使规划有可行性。制订任何一项规划，都要求具备明确的目的，就是指在一定的时间内完成什么任务，获得何种效益。这也是工作的方向与依据，并具有很强的指导性、规范性和约束性。社会在不断前进，情况在不断发展，对事先制订的规划而言，很难面面俱到地进行预测。因此，规划能否完成，要从主观与客观两个方面去总结。假如在规划执行过程中，客观情况发生了变化，就要适时地给予修订。因此，规划不仅要有指导性，也要有可变性。

理财经理的角色定位

在服务任何一个客户以前，理财经理必须非常清楚自己的定位，自己能为客户提供什么样的服务。理财经理的角色定位在很大程度上是由使用的理财模式所决定的。

专业的金融理财服务模式是以服务为导向的理财模式。在以服务为导向的理财模式中，理财经理的作用和功能可以得到充分的发挥。在一个完整的金融理财服务流程中，理财经理可以通过分析和评估客户的财务状况和生活状况，明确客户的长期理财目标，并为客户制订一个合理、可操作的理财规划。然后，选择合适的金融产品，帮助客户实施其他的有关理财规划的细节。同时，每当客户在做重大的消费和投资决定的时候，理财经理应帮助他们了解这些决定对他们未来长期目标的影响，从而满足客户在人生不同阶段的理财需求。

然而，现实中很多理财经理在试图向客户介绍金融理财服务的时候，常常出现这样的尴尬：当你解释了金融理财服务后，客户说，你到底是让我买什么？在很多时候，甚至你也往往忘了自己所提供的服务其实就是自己真正的产品。

让我们从金融理财服务的六大步骤来看看如何解决这一问题。

第一，理财经理必须和客户建立起一个长期的、以实现客户在人生不同阶段的财务目标为目的的合作关系。这和以产品营销为导向，以销售产品而获得佣金的目的有本质的区别。

第二，要通过收集客户的财务资讯，帮助客户更好地了解自己目前的家庭财务状况，并建立明确的、可衡量的、可实现的、有时间性的人生各阶段的理财目标。

第三，分析客户目前的财务状况，结合客户的财务目标，为客户制订各项理财指标，包括未来的储蓄目标和所需投资报酬率、投资资产配置等，以及为客户寻找合适的金融产品和工具。

第四，向客户提供并解释书面金融理财规划书。

第五，在取得客户的同意后，帮助客户实施具体的理财规划，包括购买金融产品。

第六，也是金融理财过程中必不可少的，而且能为金融机构带来长期稳定服务收入的持续的金融理财服务。因为金融理财的目标在于帮助客户实现人生不同阶段的财务目标，而客户的内在和外在情况都处于不断地变化中，所以在完成初始的金融理财规划后，理财经理必须至少每年一次为客户提供持续的理财服务，以保证客户的目标得以实现。

从金融理财服务的六大步骤来看，理财经理至少能向客户提供以下8项服务内容：

①帮助客户了解目前的财务状况。

②帮助客户制订合理可行的长远理财目标并将其量化。

③找出比较指标（客户所需的投资报酬率、长期的储蓄率等）。

④以书面形式分析和评估客户的财务状况和生活状况（如家庭财产流动性状况、负债状况、家庭风险管理状况、目前的资产配置状况及其存在的风险等），并提供具体建议（债务管理、遗嘱订立、租税安排、保险建议、所需投资报酬率等）。

⑤提供投资建议（介绍理性、正确的长期投资理念，并根据客户达成目标所需的投资报酬率进行资产配置）。

⑥向客户推荐合乎客户需求的各类金融产品。

⑦帮助客户实施其他的有关理财规划的细节。

⑧每当客户在做重大的消费和投资决定的时候，帮助他们了解这些决定对他们未来长期目标的影响。

理财经理必备的5种意识

专业的投资理财师要具备风险、服务、责任、大局、忧患5种意识。这5种意识涉及理财工作的方方面面，每一条都至关重要，不仅会影响自己的工作，同时还会影响到客户，所以理财经理必须积极努力地让自己做得更好。

1. 风险意识

风险意识是指个人理财经理具备一定的风险管理意识，能够有效识别、衡量和防范市场风险、道德风险、操作风险等个人金融业务常见风险。

风险是“未来结果的不确定性或损失”。如果理财经理在工作中能有效识别可能发生的风险，并作出合理的判断，将有助于防范风险、避免损失，从而保护公司和客户的利益。

看看下面这个案例。

某日下午，甲女士步入某公司营业厅。甲女士直接到柜面咨询：“我有100万元资金，想在贵公司购买理财产品，请问如何办理？”柜员一听，忙向大堂经理徐某推荐，徐某接待客户，向客户问好并递发了名片，简单问明来意后，将甲女士带到二楼理财经理杜某处，杜某递发名片并热情接待了她。

甲女士：“我有100万元资金，想在贵公司购买一款理财产品，请帮忙推荐一下。”

杜某：“您好，是这样的，我是国际金融理财师。我首先需要了解您的财务状况、投资目的、投资经验、风险偏好、投资预期等情况，然后才能对您进行一个全面的资产配置。这是我们的个人理财产品风险评估表，麻烦您先填一下。”

甲女士一边填一边问：“是这样的，我有过投资经历，我能承受20%～50%的资金损失，我要求保证20%的收益，请问你们公司能做到吗?”

杜某：“很抱歉，根据监管部门要求，公司不能对客户作出任何本金和收益的承诺。”

甲女士：“我想了解一下你们理财产品的销售流程。”

杜某：“是这样的，如果您还不是本行客户，需要到前台开立一个牡丹灵通卡，再由理财经理进行面对面的风险评估，之后再办理购买业务。当然，如果您能开通本行的个人网上银行，那您购买本行的产品会更快捷和方便。”

甲女士：“最近市场波动比较厉害，很多客户投资理财产品发生了亏损，请问你们有这方面的客户纠纷吗?”

杜某：“市场波动很正常，有涨就有跌。本行对理财产品的销售有一个严格规范的售前和售后机制，公司理财产品不同于储蓄存款，不同类型的理财产品存在不同大小的风险，通常理财产品的收益与风险成正比，低收益的产品风险低，高收益的产品风险高。我们在销售前首先会向客户揭示产品的风险。到目前为止，本公司没有因理财产品投资收益而发生客户纠纷；相反，我们因专业、规范、优质文明的服务多次受到过客户的表扬。”

甲女士：“听说你们公司销售理财产品都有一个考核和奖励机制，理财经理会不会受绩效利益驱动，不考虑风险而向客户销售产品呢?”

杜某：“本公司所有销售理财产品的人员，都是具备理财销售从业资格要求的，比如我，就是国际金融理财师（同时用手示意衣领上的 CFP 徽章）。另外，本公司的考核和奖励机制都相当的严格规范，不存在您说的这种情况。”

甲女士：“说了这么多，请问你们目前有什么理财产品在发售?”

杜某：“对不起，上期理财产品已发行完毕，我们目前暂时还没有理财产品销售，有发行的时候，我会第一时间联系您的。”

甲女士：“请问你们有代客理财服务吗？看您这么专业，要不这 100 万元就由您代为理财。”

杜某：“对不起，我们公司有规定，理财经理个人不能接受您的这项委托。”

交谈过后，客户亮明了身份，原来甲女士是当地银监局进行业务暗访的工作人员，她对该公司个人理财业务的合规经营表示满意，并对理财经理具备较强的风险意识和优良的服务态度给予了高度赞扬。在银监局暗访的整个过程中，理财经理杜某都表现出了高度的风险意识和优秀的专业素养。

理财经理在为客户进行理财服务时，应提高自身风险意识，切实保护客户利益，有效规避风险，做好个人理财业务的合规经营。

2. 服务意识

服务意识是指理财经理以客户为中心，把为客户服务当成自己的责任，能够及时发现并满足他们的需要。

公司间的竞争取胜最终要靠公司的服务质量和效率来保证，而理财经理是向客户展示公司服务的重要窗口，因此理财经理的服务意识关乎公司能否满足客户的需求而赢得市场和客户，关乎商业公司的核心竞争力。

王某是某公司一名个人理财经理，他不仅代表公司为客户管理金融资产，也在用心经营着公司与客户的感情。客户的忠诚度最能体现一名理财经理为客户服务的质量，他一直希望自己像一块磁石，把客户紧紧地吸附在自己的周围。

在营销服务工作中，王某总是以诚恳务实的态度对待每一位客户。在向客户进行产品推介时，他总是以通俗易懂的方式向他们阐述或分析，还把一些投资风险和注意事项告知客户，避免引起客户的歧义；当客户需要某一项建议时，他在充分讲明各种产品的长处的同时，扬长也不避短，给客户选择的空间，让客户感受到他的真诚和责任心。客户中有一位陈大妈，在某基金上市时便早早来到公司排队，希望能分享到基金投资的高收益回报。尽管基金也有销售任务，但王某本着为客户负责的态度，担心陈大妈的年龄对基金风险的承受能力有限，便从投资风险的角度对她进行引导，告知陈大妈基金产品特别是股票型基金一旦遭遇市场调整，基金净值将面临大幅波动，有可能使资金受到损失，建议陈大妈尽量选择债券型基金或信托型人民币理财产品投资。他真诚的解释使陈大妈非常感动，她郑重地对王某说："我去过许多家公司，没有一个像你这样为我考虑的，就凭你这种诚恳和负责任的态度，我儿子本打算在某行也购买100万元这只基金的，明天我就让他转到你们行，由你负责帮我们推荐产品。"就这样，陈大妈成了王某的忠实客户。

王某对于公司推出的每一款理财产品都了然于心，同时还根据客户的风险承受能力，有针对性地向客户推介。"在客户选择产品的时候，只有介绍最合适的产品，他才会信任和接受你。"这是王某在介绍理财产品时始终坚持的原则。"比如，股票型基金，适合风险承受能力强、希望获得较高收益的客户；固定期限和收益的理财产品，适合风险承受能力弱、喜欢稳健收益的客户；打新股的理财产品，适合有闲散资金想灵活投资的客户；灵通快线（短线投资产品），适合短期大额闲置资金的投资。"

正是由于王某真正从客户利益出发，竭诚服务客户，对客户负责，从而使客户对其产生信赖感和依赖感。

3. 责任意识

责任意识是指理财经理能够认识到自己的本职工作对客户和公司的重要性，并愿意承担相应的责任，为实现公司的目标而努力。只有具备敢于负责、主动负责的态度，理财经理才能在工作中竭力维护客户和公司的利益，才能赢得客户的信任，为公司的发展做出贡献。

日前，一名客户手拿一张20万元定期三年的存单来到某银行办理提前支取，理财经理发现该存单已经存满两年，再有一年就将到期。本着为客户高度负责的态度，该理财经理善意地提醒客户：如果提前支取将造成很大的利息收入损失。在得知客户急需7万元资金的情况后，理财经理向客户推荐了该行的小额抵押贷款业务。在理财业务区，理财经理为客户细算了一笔账，假如办理提前支取，只能得到2880元的利息收入，如果到期后再支取，可得利息10080元，差额为7200元；如果客户办理该行小额质押贷款7万元，贷款期限为1个月，贷款利息仅为305元，两种业务比较，客户所得利差为6895元。通过仔细算账，客户接受了理财经理的建议，决定贷款7万元。办理完存单质押贷款后，在同客户的交流中理财经理获悉：该客户春节将回老家，但有一些首饰、贵重物品放在家中不太放心。于是，理财经理又向客户推荐了该行开办的保管箱业务。该客户当即办理了租用保管箱业务的所有手续。通过业务办理过程中与客户的进一步交谈，理财经理又了解到该客户现金流量较大的情况，进一步向客户推荐了理财金账户，客户对此产生了浓厚的兴趣，表示愿意将他行到期后的存款全部转到该营业部并办理理财金账户。该客户对理财经理的服务表示很满意，并一再感谢理财经理既为他省了钱，又为他解决了后顾之忧。

通过办理此笔业务，一方面稳定了储蓄存款，增加了公司中间业务收入，另一方面又促进了小额质押贷款和理财金账户品牌的推广，提高了客户的满意度，达到了双赢的营销结果。回顾整个营销过程，可以发现：只要在办理每一笔业务时，从促进业务发展的角度出发，多站在客户的角度为其着想，就可以赢得客户，赢得业务市场。

4. 大局意识

一线理财经理以执行工作为主，工作简单而重复，在保证执行效率的前提下，上级实际上是不鼓励理财经理有太多“自我意识”的。但从另一层面考虑：如果理财经理在做好本职工作的前提下，能够换位思考，从全局考虑，往往能事半功倍，积累更多资源。

（1）懂得领会领导意图

领导安排工作，下达指令，作为理财经理不仅要关注表面，更要关注领导要求背后的目的和深意。如果理财经理仅仅从关注客户本身来做出判断，容易出现理财经理尽职尽责，却挨了批评的结果；如果理财经理一开始能从领导的只言片语中领会领导的意图，恰当地做出回应，则能得到更令人满意的结果。

（2）明白客户的意图

这是与客户交流的第一准则，理财经理不仅仅要考虑业务，更要学会跳出业务，站到客户的角度考虑问题，这样才能真正地服务好客户。

例如，某大姐来行里买理财产品，理财经理在拿出理财产品菜单向其讲解后，发现大姐似乎还有顾虑，原来大姐确实有理财的需要，但更重要的还是想要兼顾未来各种意外开支和费用。所以理财经理结合实际情况，除了给客户推荐理财产品，还给客户推荐了能分红的保险，以应对父母意外开销，以及为孩子上学做长线投资的基金定投。这位理财经理，充分站在了客户的角度考虑问题，真正了解了客户的意图，帮助客户解决难题，令客户有更高的满意度，同时，理财经理也挖掘了更多的销售机会。

(3) 明白自己的工作意图

这是理财经理工作的第一准则，从整个职业生涯去规划自己的工作，从整个职业发展去约束自己的工作行为，方能获得更长久的、更高的发展。

5. 忧患意识

很多时候，理财经理会认为自己的工作有保障，所以在工作的时候难免会出现懈怠的情绪，这种缺乏忧患意识的做法是非常危险的。

> 动物园里新来了一只狮子，这只狮子每天都过着衣食无忧的生活，可是它却很不高兴，觉得生活一点质量都没有，每天都魂不守舍，对于工作人员送来的食物，狮子也是爱搭不理的。工作人员看到这种状况非常着急，又是找兽医，又是找食物，可就是不起作用。突然有一天，公园里新来了一只美洲豹，并且把它和狮子放在了一个区域，之后，狮子的生活发生了巨大的改变。它再也不能像以前那样平静地生活了，它时刻都在担心，因为自己时刻都可能被吃掉。见到工作人员送来的食物，它也不再像以前那样不愿意吃了，而是吃得很香。

这只狮子就是由于缺乏忧患意识，所以才会出现之前萎靡不振的状态的，其实，有些时候我们人类也会犯这样的错误。

因此，理财经理一定要时刻保持忧患意识，提醒自己不要满足于现状，而应该时刻想象将会出现的问题。比如，如果自己工作不积极，那么自己就没有业绩，没有了业绩就可能会没有奖金，没有奖金就可能会影响到生活，等等。如果这样去想，那么就会时刻提醒自己要努力、努力、再努力。另外，在销售理财产品的过程中，理财经理也不要过于自信，应该做到未雨绸缪，把问题提前预测到，这样就能够引起重视和注意，从而避免很多问题。而对于客户，理财经理也应该用忧患意识来提醒自己，不要以为自己不打电话、不关注客户，客户还会信赖自己。想到这些，相信你

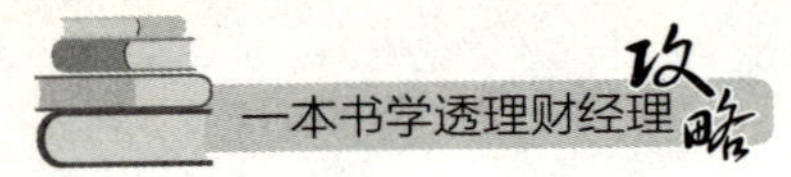

会立即转变观念，从而继续努力做好长期客户维护工作。

理财经理必备的6种能力

作为理财经理，应该具备以下6种能力。

1. 信息收集能力

信息收集是指理财经理能够从各种纷繁复杂的信息中获取所需的信息，有效地进行处理，从而更好地服务客户，为公司创造效益。

被称为信息时代的当今，信息的重要性不言而喻。信息收集是理财经理获取知识、拓展客户的重要途径，只有具备这种能力，方能在这知识日新月异的时代里不断获得自身和企业的发展。

陈某是某公司的理财经理，为打开个人消费贷款的营销局面，他通过天天跑市场和一次次的“陌生拜访”广泛收集客户信息，加深对客户群体的了解。在一次与客户的交谈中，他得知附近将要开设一家大型高档汽车“4S店”，凭借着敏锐的市场嗅觉，他察觉出其中的机会，并立即着手准备材料，与该车行商谈合作，进行“个人汽车贷款”的针对性营销。由于先发制人，比其他公司先行一步，陈某拿下了该车行开业后大部分的“个人汽车贷款”，并以此为契机，抓住客户和车行对汽车消费贷款需求较旺的时机，迅速地扩大了该行的个人汽车消费贷款业务和份额。

在关注信息收集的同时，陈某还注重信息整理。他充分利用个人客户营销管理系统和积分系统，总结出“分等级，分重点，分需求”的三分理念，将自己维护的客户分为20万~100万元、100万~500万元、500万元以上三类，并充分利用“服务日志”“登记客户提醒”

“大额异动提醒”“优质客户管理”“公司业绩考核”“理财经理业绩考核”等模块，从而加强了对不同级别客户的服务频率和关注程度，提高了客户维护的稳定性和连续性。

作为一名优秀的理财经理，陈某不仅时刻保持对市场的敏感度，广泛收集客户信息，还十分注重对信息的整理和分析，从而为自己的营销工作创造了大量机会，也提高了服务效率。

2. 团队协作能力

团队精神是指在工作过程中，理财经理与团队成员密切团结、协同合作，共同实现组织目标。

团队精神，简单来说就是大局意识、协作精神和服务精神的集中体现。全体成员协同合作，具备强大的向心力、凝聚力，既反映出个体利益和整体利益的统一，也是保证组织和团队高效率运转的重要条件。

理财经理在日常工作中要培养以下团队协作能力。

第一，能够在工作中征求团队成员的意见和建议，考虑到他人工作的方便。广泛地征求团队成员的建议和意见；在有需要的时候给予团队成员帮助和支持。

第二，重视团队成员在工作中遇到的困难，并主动提供帮助；能够以欣赏、信任和支持的态度对待每一个团队成员，愿意为团队其他成员和团队目标的实现提供资源与帮助。

第三，除了在工作中主动提供帮助，在工作之外理财经理要关心同事、下属的生活；能够急团队成员之所急，想团队成员之所想；在团队内部提倡和鼓励相互合作、共同发展的氛围。

第四，为了团队的整体利益，能够牺牲自己的利益，团队意识极强，主动帮助团队成员提高业务能力，解决各种困难，鼓励团队成员围绕团队绩效自觉开展工作；把团队工作作为自身工作非常重要的一部分来执行，带动成员形成团队意识。

3. 洞察心理能力

理财经理要具备洞察客户心理的能力。理财经理要系统地考虑、分析客户的理财心理，才能真正做到服务从心做起。

虽然说客户的心理是错综复杂的，每个人的情况又是千变万化的，但总的来说，客户的理财心理，不外乎以下 6 个方面。如果理财经理在工作中能系统地学习相关心理知识，就能做到高效区分客户，因人而异。

（1）缺乏主见心理

客户没有自己的主见，在进行理财操作时，容易出现人云亦云和没有计划的情况。今天说东，明天说西，本来已做决定的事，回家听什么人说了一句话就又变卦者，多半属于这类心理。

（2）犹豫不决心理

客户举棋不定，犹豫不决，具体表现为逢低不敢进，逢高不出手，最终错失良机。

犹豫不决是人面对决策时的常见心理，很多客户会徘徊在“买还是不买”“买这个还是买那个”“今天买还是再等等”的心理纠结中。这种心理归根结底是一种不自信也不信任的态度，需要理财经理根据具体情况给予合理引导和建议。

（3）贪婪赌博心理

人都有贪心，但是贪婪心理的特点是太贪心，比如想一夜暴富，孤注一掷。这样理财的后果比较可怕：他们一旦获利，多半会被胜利冲昏头脑，像赌棍一样频频加注，恨不得把自己的身家性命都押进去，直到输个精光为止。当失利时，他们常常不惜背水一战，把资金全部投进去试图再次一搏，这类人多半会落得倾家荡产的下场。

（4）恐慌畏难心理

拥有这类心理的客户，对不利消息反应过度惊慌，他们也是最容易被散布假消息者利用的人。从心理学角度分析，这类客户往往胆小、不够自信，而且思虑过多，他们最需要的是理财经理提供沉着、自信的理财信心，并帮他们鉴别消息的可靠性。

（5）盲目跟风心理

该心理表现为从众行为，盲目跟买或盲目跟卖。在心理学上，这种情况也被称为“羊群效应”。

一般情况下，当市场处于低迷状态时，大多数投资人会存在“羊群效应”心理，当大家都不看好时，即使具有最佳成长前景的投资品种也无人问津；而等到市场热度增高，投资人才争先恐后地进场抢购；一旦市场稍有调整，大家又会一窝蜂地杀出。这是大多数人理财时较难克服的心理。

（6）嫌贵贪平心理

在市场中，不少理财客户持有“嫌贵贪平”的心理，只想到要买进一些价格便宜的理财产品，而不考虑买入那些价格会大幅上升的理财产品。这种心理的出发点是对风险的恐惧。殊不知，风险与收益是成正比的。贪平入市的结果往往会使他们错失收获良机，资金无法创收。

4. 语言表达能力

语言表达能力是指理财经理聆听并准确理解客户所传达的信息，作出恰当的反馈，并通过语言、表情、动作等方式，向客户准确表达自己的意见和看法，从而与客户建立良好关系的能力。

看看下面的案例。

某日，A行优质客户周先生前来办理业务。在办理业务过程中，通过简单的谈话柜员得知周先生近期有一笔资金回笼，于是柜员将周先生介绍给理财经理小李，小李马上与周先生进行了一次深入的交流。周先生对A行一直以来为其提供的优质服务表示满意，并透露，他做风扇生意，季节性很强，近期有一笔资金回笼。小李进一步与其沟通，成功地把周先生存在B行的500万元的闲置资金转入A行。那么小李是如何做到的呢？

原来，接到电话后，小李马上来到现金区并协助现金柜员为周先生迅速办理了现金业务，引导周先生到理财服务区。小李在此前已经几次上门拜访过周先生，所以对周先生的基本情况有一定的了解。小李首先很热情地请周先生入座，同时为周先生端上热茶。周先生表示对A行为其提供方便、快捷的服务很满意。小李感谢周先生一直以来对A行的信任和支持，并表示会不断提升服务质量，还邀请周先生在方便的时候一起饮早茶，周先生高兴地接受了邀请。在轻松和融洽的气氛中小李询问了周先生近期生意的经营情况。周先生告诉小李，风扇生意的季节性很强，在旺季的时候，销售量大，生产量大，资金短期的需求量也大，在淡季的时候则相反，近期有一笔500万元的资金回笼，现在暂时存于B行，尚未有投资意向。小李表示，500万元的资金纯粹以活期的形式存在银行收益太低，但做长期的理财计划又会影响资金的流动性，对季节性很强的风扇生意影响很大。周先生也表示了同样的担忧。

在激起客户的共鸣后，小李进一步表示，如果周先生愿意将资金转入A行，他们将为其制订一个较为合理的理财组合，比如根据生意经营的资金需求情况，可以做一个收益高、流动性强的7天通知存款计划或3个月的短期存款。小李还介绍了基金、国债、公司保险等业务的优缺点。

通过一番沟通及业务介绍，周先生最终决定把存在B行的500万元资金转入A行。

作为理财经理，不仅需要具备专业的知识和技能，更需要具备与他人沟通的能力。如果无法与客户进行有效沟通并建立良好关系，那么必然无法胜任理财经理一职。因此，从事理财经理职位必须具备语言表达能力。

5. 方案策划能力

理财经理要具备方案策划能力。理财方案是以书面的形式将理财经理的方案记录下来，参照基本的格式和内容，在与客户多次沟通和交流的基础上制定出的一份关于理财的方案。通过书面形式制定理财策划书，有助于客户针对策划书的建议进行慎重的思考和选择，并使双方以合同文本的方式确定相互的委托代理关系，使得双方的权益能受到合同法的保护。

对客户的理财策划是对客户资产的合理配置，包含对保险、投资、税务、退休、遗产等各个方面的管理。对于不同的客户而言，他们在资产构成、生命周期、理财需求等各个方面都存在差异。因此，个人（家庭）理财策划是一种个性化、针对性极强的服务活动，对理财经理的要求是非常高的。可以说针对不同的客户，理财策划的出发点、方式方法、侧重点等都有很大的不同。

（1）对客户资产进行合理配置

具体来说，对客户资产的配置包括以下三大步骤：

步骤一，客户风险管理。

理财经理在对客户的基本财务信息进行了解和分析之后，首先应该解决客户的财务安全问题。如果客户当前的财务状况存在着较大问题，必然会增加财务策划的不确定性，从而直接影响到理财策划的执行效果和效率。为了确定客户当前的财务安全状况，理财经理需要逐一确认以下问题：

客户是否已经有了充分的保险？

客户是否已经订立了合法有效的遗嘱？

客户是否有必要签署一份长期的或者常规的律师委托书？

客户的资产负债是否正常？

客户的收支状况是否平衡？

客户的现金储备情况如何？

客户的融资能力如何？

通过对以上问题的评估，理财经理可以找出客户当前财务状况中存在的问题与不足，并设法加以解决，以确保客户当前的财务安全。反过来说，客户的这些问题与不足，正是理财经理的营销方向。

步骤二，客户投资性产品的构造和组合。

从广义上说，储蓄计划、教育支出计划、各种金融产品投资计划都属于客户的投资计划范畴。随着人们生活水平的提高，投资性资产在人们资产构成中的比重日益提高，人们对于投资产品的选择和比例配置的需求也随之增加。因此，理财经理应根据客户的投资目标、风险偏好、投资回报偏好等因素来设计客户的投资资产组合。在设计客户投资资产组合的时候，理财经理要注意以下几个方面的内容：

①客户的风险偏好和承受能力。客户的风险偏好指客户对待风险的态度。风险承受能力则是指客户在面对风险时，在财力和精神上的忍耐程度。这两者之间存在密切的关系。一个优秀的理财经理应该首先考虑客户的承受能力，在结合其风险偏好的基础上为客户确定合理的风险水平。在投资理财活动中，人在面对风险时所表现出来的态度通常有激进型、中庸型、保守型、极端保守型四种。激进型的人愿意接受高风险，以追求高利润。中庸型的人愿意承担部分风险，求取高于平均水平的获利。保守型的人则为了安全或获取眼前的利益，放弃可能高于一般水平的收益。极端保守型的人几乎不愿意承担任何风险，偏好于将资产存放在公司或者购买国债等风险水平非常低的产品。

这种分类方式是比较简单的，不可能非常准确。有些人对待不同的风险可能表现出不同的态度。例如，年轻人对待股票投资可能比较激进，而对待房地产投资则比较保守。另外，同一个人在不同的年龄段所表现出来的风险偏好也是不一样的。在对客户的风险承受能力进行评估时，采用心理学的方法并结合调查的方式是比较常见的一种形式。

②不同类型投资计划的优先顺序。客户在进行投资规划前应确定哪一种

投资规划要优先考虑。例如，从长远的角度来看，年轻人的教育投资计划有利于提高其自身的综合素质，应优先考虑；对于老年人来说，资产的稳定性和安全性应排在首位，因此，各种储蓄产品就成为老年人的首选；对于偏好风险投资的人群来说，则可以将对风险性资产的投资放在首位。由此可见，客户投资计划的优先顺序与客户的年龄、风险偏好等因素密切相关。

③投资产品类型的选择。根据客户的风险偏好、风险承受能力和理财目标，理财经理可以对不同投资产品进行选择。在选择的过程中，需要注意以下几点：

第一，保持资产的流动性。在设计投资组合时，要确保有一部分具有较好变现能力的资产作为客户的强流动性资产，从而应付客户的不时之需。资产的流动性与资产的回报水平也是具有一定程度的反比关系的，但是一定的流动性是客户具有较强财务弹性的保证。

第二，客户对投资回报的要求。客户对投资回报的要求包括对回报类型和回报水平的要求。回报类型指现金收入和资本增长，回报水平是指回报率的高低。一项投资的回报包括日常的现金流入和买卖价差两个部分，这两者之和就是投资总的回报水平。有些人希望能够获得日常的、稳定的现金流，有些人则希望能够通过资本的增长来获取更好的收益。

第三，通过资产组合合理地分散风险。风险无处不在，尽管我们不能完全规避和控制它，但是我们可以通过有效的方式来管理它，资产组合就是一种能够非常有效地分散风险的资产管理方式。理财经理应该尽可能地在期限、区域、品种、币种之间实现最有效的风险分散，从而使客户在承担相应风险的状况下获得最大的收益。

步骤三，对客户资产的其他配置。

除了对客户的资产进行风险配置、投资配置之外，还要考虑到客户在其他方面的需求，如税收筹划、遗产计划和退休计划等。税收筹划的主要目标是通过各种可能的合法途径，帮助客户减少或者延缓税负的支出；遗产计划的目标是帮助客户在其去世或丧失行为能力后分配和安排其资产和债务，并通过适当的方式使遗产的纳税额支出最小化；退休计划的目标则是通过对客户个人可用财务资源的规划，满足客户在退休阶段的个人财务需要。

由此可见，对客户资产的配置是实现客户的资产在生命的不同阶段、不同的投资产品、不同的风险水平之间的配置。这个过程是家庭理财策划的核心和关键，也是最能体现理财经理水平的阶段。

（2）客户理财方案书的基本内容

①摘要。摘要部分对理财方案中的重要建议和结论进行简要的介绍，以帮助客户对理财方案进行更深入的了解。摘要部分的内容不必过长，因为它只是对详细理财方案的一个提要。

②客户财务状况和目标综述。理财经理对客户资产的配置是建立在客户的基本财务状况和财务目标的基础之上的，因此，理财方案的主体内容也应该从客户的基本情况入手。客户在阅读理财方案时，也可以通过该部分内容重新回顾和确认一下自己的财务状况，确保理财经理所获取的数据和信息不会出现重大的纰漏。

③基本经济指标预测。基本经济指标预测是指对客户自身的收入、支出状况以及外部的宏观经济状况的预测，包括对利率水平、通货膨胀率水平、国内生产总值增长水平、客户收入增长率、支出比率等一系列经济指标的预测。只有对一些基本的经济指标进行预测，理财经理才能够为客户制订出一份切合实际的、有针对性的规划报告，包括客户的还贷方案、投资回报率水平、消费支出状况等。预测这些经济指标时，一方面要切实结合客户和外部经济环境的实际情况，另一方面也要能够反映出理财经理对经济状况的判断能力和水平。

④客户资产配置策略。对客户资产的具体配置比例和方式是理财方案的核心部分，也是客户关注的焦点。理财经理要根据客户的要求，向客户解释和说明资产配置的依据和效果，并根据客户的要求进行适当的修改。

⑤费用及佣金。理财经理有义务向客户解释所收取的各项费用和佣金，客户也有权了解实施理财方案中各项具体建议的全部成本。任何故意

隐瞒这些信息或者将这些信息放在理财方案附件中不显眼的地方的行为都是绝对禁止的。

（3）客户理财策划方案的移交与修订

理财经理在制订出理财方案之后，应该及时与客户联系，客户对方案内容认可之后再开始实施具体的理财策略。在某些情况下，如理财经理对客户的当前状况和目标有误解或者客户对方案中的内容不满意，客户会要求理财经理对最初所提出的方案进行修改。当然，最后的选择是理财经理主动同客户联络，将自己为客户设计的理财策划思路与相关建议进行一次沟通，待客户无异议后，形成“客户理财策划方案”，这样成功率最高。

6. 公关协调能力

公关协调能力是指理财经理在工作中善于协调公司内外部多方关系，促成相互理解，获得支持与配合，促进业务的发展。

公关协调能力主要体现在以下几点：

第一，能协调简单的关系，取得一定的理解和支持。例如上下级、同事之间，能够通过一般的工作沟通，获得一定的理解与支持。

第二，能够体谅和理解他人，愿意就具体情况作出调整与妥协，并最终促成各方的配合与合作。

第三，能够从对方的角度出发，争取配合与支持。能够打破自我中心的思维模式，尝试从对方的角度和立场考虑问题，体察对方感受，促进相互理解。引导对方从己方出发权衡事情的利弊，促成配合与合作。

第四，能够平衡各方的利益，促成配合与支持。能够找到共同的目标，明确各方责任，分析事情利弊，平衡各方利益，调动各方的积极性；在遇到障碍时，能够以积极的心态和不懈的努力对待冲突和矛盾；重视信息的分享，用心倾听各方的意见，积极寻找共赢的方案。

第五，妥善处理各种关系，平衡各方利益，有效组织各种资源获得配合与支持。能够有效组织各类资源，通过说服、协调等方式得到相关部门或人员的支持，具有很强的说服力；能有效应对协调中的问题，并根据实际情况及时作出调整和回应；能够有意识地在组织中搭建沟通平台，通过机制建设确保沟通渠道的顺畅。

实用工具

理财经理客户管理表格

客户分类管理表

姓名	客户属性	身份证号码	电话	子女情况	单位行业与职级	兴趣爱好	资产/存款	信托产品	人民币理财	国债	基金	纸黄金	备注

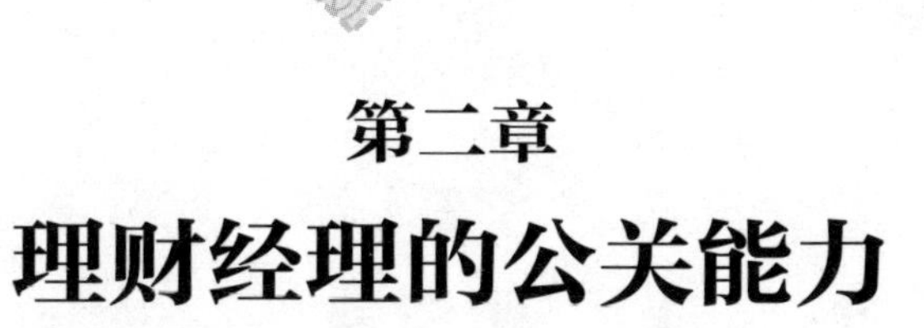

第二章

理财经理的公关能力

公关能力是指有目的、有计划地为改善或维持某种公共关系状态而进行实践活动的能力。如果理财经理具备良好的公关能力，能正确处理组织内外各种关系，能与客户建立良好的关系，将为企业的正常运转创造良好的条件和环境，从而促进组织目标的实现。

理财经理开展产品营销的三要素

理财经理开展产品营销要具备三要素：了解客户、熟悉产品、洞察市场。

1. 了解客户

理财经理要为客户提供良好的个性化服务，就要了解客户的具体情况，再对症下药。虽然每个客户都是个体，但人总还是可以归类区分的。所以，从不同的角度去了解客户的类型，以及与此类型相匹配的理财特点，会大大提高理财经理的工作效率。

（1）从客户的风险偏好进行分类

从客户的风险偏好来看，可以将客户大致分成以下几类：

①风险厌恶型——经验为零，以老年人为主，谨小慎微——极易引导，偏好国债、定期。

②风险中立型——有一定经验，以中青年人为主，立场不明确——较易引导，可以承担一定风险。

③风险偏好型——经验丰富，有主见，对市场认知比较深的人——高收益理财。

（2）从客户的人际风格进行分类

根据客户的风险偏好简单分类还不够，要想实现产品的成功营销，理财经理还必须了解客户的人际风格，对客户大致有所分类。要知道客户的人际风格，必须要让客户感觉到交谈得挺投机。

①一言不发型。对于此类客户，分析其情绪的反应很重要，因为这种客户通常喜怒不形于色，理财经理可能说了很多，但他都无动于衷，并且他的行为很果断，可能还在与他交谈时，他已经暗中决定了是否买你的产品。因为他自己的意见很坚决，所以你不要去决定他的意志，否则，你与他的沟通就不会融洽了。在这种情况下，要给他选择的机会，让他自己选择最符合他利益的产品，并且尊重他的决定。

②刀枪不入型。对于刀枪不入型的客户，其性格特征主要是喜欢比较分析，不会表现出太大的热情，个性优柔寡断。与这样的客户打交道，应当由他来做选择，作为理财经理，要有很强的组织力和逻辑性，做好充分准备，在适当的时候促使客户做出决定。刀枪不入型的客户也可能会表现得很热情，但是不会直接向理财经理表达出自己的想法，不轻易得罪人，所以理财经理很难了解他的内心世界。这种情况下，理财经理就应当主动向客户提出优惠条件，并且向他保证你是公平合理的，引导客户说出内心想法，这样就可以继续深谈，直至获得成功。所以对于这类客户，理财经理主要应当采取鼓励的方式，这样才有成功的机会。

③光说不练型。这类客户也会表现得很热情，但是这种客户比较善变，常常不会遵守自己的诺言，突出表现为特别喜欢向理财经理索要礼物，他们不会轻易同理财经理合作。在同这类客户做生意的时候，就要让他白纸黑字地确定承诺，或者是让其在公众场合给出承诺，这样他就不会轻易反悔了，理财经理的成功机会也就增加了。

面对不同类型的客户，理财经理都要能够与其沟通得很融洽。另外，理财经理还要学会倾听，让客户表达出他的意见。在以上基础上，让渡不同产品的选择权给客户，这样才能搞定客户。

2. 熟悉产品

一个优秀的理财经理，不仅要熟悉金融产品，还要对各种投资工具与产品，例如信托、保险、证券、不动产，甚至邮票、黄金等加以熟悉。此外，还要熟练掌握与运用相关法规。只有具备一定的专业知识与敏锐的洞察力，并将自己所学习的知识进行不断更新，才能为客户提供更有价值的资讯。

优秀的理财经理背后，应当有强大的数据与政策平台作为支撑，以便保证为客户所制订的方案规避有可能出现的各种风险。当然，最为紧要的是，理财经理还要具备掌握全局的能力，在对市场发展规律熟悉的前提下，向客户提出最合理的投资建议。

向客户介绍产品，是理财经理与客户交流中最重要的环节。可以说，理财经理各种获得客户好感的努力、引起客户注意的开场白，都是为了获得一个顺利向客户介绍产品的机会。通过向客户介绍产品，可以让客户对产品及理财经理本身有所了解，进而才有可能将推介活动进行到下一步。

为了让客户更清晰、便捷地了解产品特点，理财经理在面见客户前，需要做一些准备工作，包括确定介绍的流程：先介绍什么，怎样介绍，按什么顺序介绍等。对于需要介绍的产品内容，必须烂熟于心。可以不把所有的内容都讲给客户听，但是当需要的时候，理财经理要做到随时能够给出跟这款产品相关的信息。只有做到心里有数，和客户交谈时才会胸有成竹。

在设计产品推介的步骤时，最好问自己这样几个问题：

我怎样切入，才会引起客户注意？

我用什么证据来证明产品对客户是有益的？

我怎样来表现产品与其他产品不同的地方？

我怎样让客户产生购买欲望？

……

如果有条件，理财经理可以自己设计一份产品目录，既可以配合产品介绍，又可以针对客户的特点，让客户感受到个性化的服务。

林先生是一个大茶叶集团的董事，广东人，在香港发迹，现居住在台北。林先生早年打拼时眼睛受过伤，50 岁之后，视力就更不行了，所以涉及文字的内容，都是由专人阅读。

这一年，理财经理小赵得知一个消息，林先生原来的私人理财师要移民澳大利亚。小赵想抓住这个机会，看能不能补上这个缺。

当然，要见到林先生不容易。小赵费了很大劲儿，托了不少人，才得到十分钟的约见机会。小赵很谨慎，他没有急于向林先生介绍产品，而是先在介绍人的陪同下，跟林先生聊了聊家常，说了些关于养生、饮食方面的话题。时间一到，小赵立刻告辞，只是走的时候，请求林先生给他一个下次见面的机会。

林先生觉得小伙子还不错，就说："明天早上我吃早饭后，有个空当。你可以来陪我老头子聊聊。"

小赵很高兴地表示自己一定来。

第二天，小赵来的时候刚好是林先生吃完饭的时间。林先生一边用餐巾擦嘴，一边说："我知道你是公司卖理财产品的。你就说说看吧，要是合我心意呢，买点儿也无妨；要是不合我心意，你也就别白费力了。"

小赵说："口说无凭，我把产品介绍给您带来了。"

林先生说："也好。"接着吩咐佣人来读。

小赵把产品目录递给佣人，却接着说："我为您准备了另一份产品目录，我想，也许您更喜欢自己读。"

接着，小赵把一份特制的产品介绍放到林先生手中。这是一份用盲文书写的产品介绍。

林先生微微动容。他触摸着产品介绍，慢慢读完。这份产品介绍并不长，可以说是言简意赅，但是却包含了台湾点字和香港点字。因为台湾点字由声母、韵母及声调组成一个发音，而香港点字使用的是广州粤语拼音。考虑到林先生是广东人，又在香港待过，所以小赵为林先生备注了粤语音。

读完产品介绍，林先生沉吟了一会儿，问："小伙子，你是哪里人?"

"广东湛江。"小赵回答。

林先生又问："你家中是不是有人眼睛不方便?"

小赵恭敬地回答："是。我爷爷有视神经萎缩。"

林先生点点头，说："今天先到这里吧。你的产品目录留下，我好好看看。有需要的话再给你打电话。"

小赵连忙答应，又说："要不三天后，还是这个时候，我再来陪您说说话?"

林先生同意了。

最后，小赵成功地使林先生成为自己的客户，并且随着时间的推进，他如愿以偿地成为了林先生的私人理财师。

在上述案例中，小赵能够得到林先生的认可，主要是因为他懂得根据林先生的个人特征来设计产品目录。这样一份用盲文书写的产品目录，也许文字不多，但是小赵为人的认真、敬业，对客户的体贴、关心，都跃然纸上。毫无疑问，只有真正全心全意为客户着想的理财经理，才能做到这一点。

当然，并不是每个客户都像林先生这样，有那么清晰的个人特点。所以，为了让客户能更清晰、便捷地了解产品，在介绍产品时，最好以客户的兴趣为中心。如果能够关注到这点，因人而异，用客户喜欢的方式来推介，效果就会好很多。

最重要的是，向客户介绍产品时要注意将产品的特点与客户的需求连接起来。客户永远关心产品对自己的利益和好处，而不是产品的特点。所以，理财经理在介绍产品时，一定要从客户的需求出发，把产品的特点转化成客户所能得到的利益，从对方的利益来介绍产品，这样产品就更容易进入客户的内心。

理财经理在介绍产品时，可以采取这样的语言模式，将产品特点和客户需求快速地联系起来："由于本产品……您可以（能够）……也就是说……举例来讲……"

例如，"由于本产品时间短，收益高，您可以在三个月后就获得超过存款利息三倍甚至更多的收益。而且短期操作的理财产品风险较低，非常符合您对低风险、高收益的期望。也就是说，三个月后，您将稳稳当当地揣着票子实现去度假的计划了"。

另外，介绍产品时，不要忘了和客户互动，这是让客户清晰、便捷地了解产品的最佳途径。比如，有些公司会安排客户自己在平台上操盘，感受过程，因为客户亲自参与体验感受最深刻。

3. 洞察市场

市场洞察能力是指理财经理密切关注市场动向，通过对市场变化中反映出来的现象、数据等信息进行分析提炼，辨别形势，作出判断决策的能力。

理财经理通过市场分析，可以更好地认识市场的变化，发现市场的机会，从而采取正确的营销策略，满足客户需求，提高工作绩效。

Z分行信用卡发卡量、消费额在当地市场长期处于第一位。但近两年来，该行信用卡业务发展遭遇瓶颈。在市场疲软、强手林立、传统营销手段不占优势的局面下，Z分行坚信"没有市场可以创造市场"，并决定独辟蹊径，把具有高附加值的"联名卡"作为新的开拓方向。

经过比较分析，该行将突破口锁定在了该市Y公司。Y公司是珠三角地区极具知名度和竞争力的商业连锁企业，拥有会员近50万人，36间大型连锁商场。历年来，Y公司年度销售额一直居Z分行客户中的首位，目前是该市最大的银联商品零售类批发商户，每年收单额超过2亿元，仅收单收益就超过20万元。如果能将该行信用卡与Y公司的会员卡结合起来，在对Y公司50万会员的营销上将占据有利地位，并可将Y公司所连接的庞大资金流和客户群引入Z分行进行“体内循环”，通过杠杆作用最大限度地挖掘客户综合贡献度。

选定目标后，Z分行对该营销思路的可行性进行了充分论证。结论显示，银企双方的弥合度较高，Z分行确认该思路切实可行。

营销方略虽然完美，但营销过程却陷入“拉锯战”，原因在于Y公司有三方面顾虑：一是若以联名卡置换现有会员卡，可能会导致固有客户流失，所以不愿在现有条件下共享其客户资源；二是其每发放一张会员卡会收取一定费用，若发行联名卡必将停发会员卡，将使其失去会员卡收入；三是零售业靠的是薄利多销，刷卡额增大意味着公司卡交易手续费增加，会加重公司的财务负担。受到上述因素影响，在营销之初，Y公司合作意向并不高。

秉承“金融服务应服从企业的发展方向，企业的需求才是双方合作的基础”的思路，Z分行在困难面前没有放弃，分行行长亲自对活动进行部署，主管等领导则组织公司卡业务部及承办公司深入分析企业需求，为打开银企合作局面寻找切入点。其后，该行与时间赛跑、与技术赛跑，以企业需求为出发点，调整营销服务方案，切实解除企业顾虑。

为满足Y公司“树立高端品牌市场形象”的迫切需求，新方案重点突出了“以Z分行品牌提升该公司市场形象，培育潜力客户为重心”的营销主题。同时，针对该公司的多重顾虑，Z分行提出了逐条解决办法：第一，联名卡发放由新增会员入手，对公司现有会员卡暂缓置换联名卡，待推行顺畅后再以“信用升级”的方式对老客户进行捆绑营销，从而达到切实保护该公司固有客户资源的目的。第二，通过品牌内涵提升所带来的新增购物能力抵消公司财务成本增加。一是客户持联名卡可享受Y公司属下商场及Z分行签订的全市逾百家特约商户的购物折扣和贵宾待遇；二是持卡人刷卡消费可享受Z分行和Y公司双重积分奖励；三是客户可用联名卡积分直接抵扣在Y公司属下商场消费时的购物款项；四是联名卡设计充分兼顾双方的企业形象，最大限度地提高市场影响力。

精诚所至，金石为开。Z分行的合作诚意以及营销理念终于得到了Y公司的高度认同。双方联合举办联名信用卡发放宣传活动，Z分行各营业网点与Y公司各卖场同时推出了宣传广告，该市各大媒体对当地首张购物联名卡的问世进行了广泛报道。联名信用卡推出后，凭借信用卡促销与会员卡促销两不误、信用卡回馈与会员卡回馈两不误、信用卡积分转赠指定商品等多项产品优势，立即得到了客户的广泛认同，市场反响非常热烈。

理财经理必备的基本素养

理财经理应该必备以下基本素养，对比一下自己，看看你具备这些素养吗。

1. 自信，是客户信任你的前提

一位资深理财经理曾经说过：“获得客户的信任，往往需要很长时间；而失去客户的信任，只要30秒钟就够了。”这样的说法并不是危言耸听。

有时候，好不容易维持的老客户，却会因为一个小问题，或者因为沟通上的小失误，而对理财经理的诚意和能力产生怀疑。而理财经理要弥补这个缺陷、重新建立信任，则需要花费数倍的精力。

那么，如何才能让客户信任你？一个办法：相信自己！

“相信自己”，这四个字说起来很简单，但是未必人人都能做到，因为“相信自己”是一个从内心到行为的全面提升的过程，而不仅仅是每天对着镜子大喊几句“相信自己”就能达到的。

小钱大学毕业后，为了挑战自我，在保险公司当了一名理财顾问，日常工作是销售人寿保险。和大多数刚入行的年轻人一样，小钱第一个月的业绩几乎为零，第二个月也少得可怜。眼看试用期快到了，小钱着急万分。

保险公司有很多励志的培训，小钱一个不落地都参加了，而且做了很多努力。比如，在桌子边用大号字写上本月的目标，在卧室墙上贴上已经签署的保单等。他还读了很多业内成功者的传记，并把他们当作偶像。可是，这些似乎没有起到太大的作用。

一天，又一次例会，主管看着小钱说：“钱顾问，你要有自信。你这样让客户怎么认可你啊？”

小钱说：“主管，我现在每天早上起床后都会面对镜子大喊三声‘我是最棒的’，可是我就是找不到自信。这不是销售之神原一平先生的绝招吗？”

主管说：“自己激励自己当然是好办法，但是原一平获得成功，可不只是靠喊口号。他还努力学习前辈的经验，请同事为自己提意见，不放过任何一个可以提升自己的机会，并且永远都让自己保持乐观向上的精神状态……这可不是每天喊几句口号就能做到的。”

小钱说：“那我该怎么做呢？”

主管说："你好好研读一下保险条例，这个是基础，不然客户问起来，你都没有话说。没有客户会相信一个对自己专业都不了解的理财顾问的。当然，你的那些激励自我的方法也不要放弃，要知道，成功者不是靠某一种单一的手法成功的，你要全面发展才是。"

小钱听了主管的建议，不仅开始认真积累专业知识，而且平时非常诚恳地向老顾问请教，并且，他利用夜里的休闲时间报了一个投资培训班。这样，不到两个月，小钱从里到外整个人都发生了改变，他的工作也越做越顺。

上述案例中，小钱一开始的做法并不能说不对，只是过于偏颇。再强悍的成功学，也是需要外在努力的。天天大喊大叫地激励自己，不是不可以，但是需要有坚实的基础来支持，如专业、责任感、对事业的坚定信念等。

有些理财经理，平时不遗余力地折磨客户，不管客户乐不乐意，都告诫自己要以坚韧不拔的毅力去推介自己的产品，一次不行两次，两次不行三次。这样的理财经理，精神可嘉，但是却未必能真正得到客户的信任。因为他们已进入了一个误区，就是盲目自信。

相信自己，不等于膨胀自我。真正的自信，来源于多方面的努力。

(1) 外表

衣着整齐，挺胸抬头，笑容可掬，态度谦和，亲切有礼，细心周到，这样更容易让客户从心里接受你。

专业形象不仅仅是你的那身行头，还包括商务礼仪、行为举止等诸多影响客户感官信任的东西。比如准时出席约见、会议，言出必行等。

外表之所以重要，在于客户对你有期望，理财经理必须满足这种期望。如果客户第一眼看到你的时候心理有落差，后边再想弥补就太难了。

这里引用世界形象设计师罗伯特·庞德的经典句：这是一个两分钟的世界，你只有一分钟展示给人们，另一分钟让他们喜欢你。

（2）谈吐

有些理财经理，在从业一定时间、积累了一定经验之后，认为自己已经熟悉了产品、了解了客户的需求、明白了这个行业，便再也不注意倾听和询问了，而是急于告诉客户“这都是你要的”。

事实上，客户的需求总是千奇百怪的，尤其是个人需求。要不要产品，是客户说了算，而不是理财经理说了算。如果没有把产品功能和客户的需求建立链接，那理财经理就是自说自话，客户会认为你只想卖东西，而不是想帮助他。

（3）心态

理财经理常常觉得自己比客户聪明，并且以此来建立自信，其实，你的专业能力再强，客户心理学研究得再透，都没有客户了解自己。一定要记住，客户才是销售的主导力量，客户才是销售成功与失败的决定者。如果不是抱着为客户排忧解难送需求的心理，客户就很容易发现操纵行为，信任也就无从谈起，因为没有人喜欢被别人操纵。

归根结底，如何让客户信任你，这不是一个技巧的问题，而是一个思维的问题。也就是说，理财经理必须时时刻刻具有双赢的思维，时时刻刻为客户着想，并通过为客户谋利益而获得自己的利益。

客户不怕你考虑他的利益，而是怕你不考虑他的利益。如果在跟客户的沟通过程中不时地表现出对他的利益的理解、关心和帮助其实现的姿态，客户对你的信任感就会大大增强。

特别是在大项目中，信任的建立是一个渐进和长期的过程。除非理财经理真正相信自己是为客户提供服务，不然，很容易在一个不经意的时刻，将前期辛辛苦苦建立起来的信任感化为泡影。

2. 客户不满要冷静对待

理财经理在处理客户的抱怨时，要冷静对待。

（1）顾客有权要求你把服务做好

顾客是我们的衣食父母，顾客是上帝。理财经理在服务过程中要时刻提醒自己：顾客永远是正确的。在态度上，理财经理一定要对顾客的抱怨毕恭毕敬地致歉："我们确实错了。"然后在此基础上寻求解决问题的办法。

（2）你的存在是为了服务顾客

理财经理的存在完全是为了服务顾客，因此，理财经理有责任和义务帮助顾客消除他的抱怨，使顾客重新感到满意。在面对抱怨的同时，理财经理尤其不要慌张，要冷静、自信地处理问题，坚信问题能够得到圆满的解决。

（3）引发顾客抱怨是服务提供者的惭愧

理财经理应该意识到：顾客满意是服务人员的生命之价值，能够为顾客提供备受肯定和赞扬的服务是服务人员自身价值的最好体现。因此，引发顾客抱怨是服务提供者的惭愧，必须采取补救措施重新赢得顾客的心。

（4）成功处理可以重新得到顾客的肯定，转危为安

当遭遇顾客的抱怨时，理财经理不能消极悲观，而应该坚信：成功处理问题可以重新得到顾客的肯定，转危为安，解决问题才是最紧要的事情。理财经理首先应该自我检讨，承认顾客是对的，然后采用"回立标法"争取由被动转为主动，积极寻找问题的解决办法。

3. 保持足够的热情

理财经理必须具备非常饱满的工作热情。一个优秀的理财经理，最重要的素质不是能力，而是对工作的热情，没有热情，工作就是一潭

死水。

用你的热情去感染客户，每个客户都愿意与有热情的人打交道。

人的价值 = 人力资本 × 工作热情 × 工作能力

热情是实现工作价值的主要因素。如果一个人只是为了薪水而工作，那么他的生活将因此陷入平庸。而如果他有一份自己喜欢和适合去做的工作，他就会把工作看成一种获取珍贵经验、良好训练、表现才能的重要途径，把单调无味的日常工作看成充满激情与成就感的事业，主动、认真、负责地做好每天的工作。正如卡耐基把热情称为“内心之神”，他认为“一个人成功的因素有很多，而属于这些因素之首的就是热情”。

每一个理财经理都希望把自己的工作做好，都希望通过自己的努力来增加收入，提升职务，获得认可。如果你在工作之初就下定决心，一定要出色地完成每一项工作，绝不能半途而废，有了这种热情，我们在内心深处会时刻提醒自己，“这是由我完成的一项工作，我要追求尽善尽美”，“努力在各方面以主动、积极、热情的态度做好自己的工作，即便是最平凡的工作也能带给我成就感并增加我的荣誉和物质财富”，于是便会全力以赴，不敷衍了事，虽然现在薪水微薄，但未来一定有所收获。所以，无论从事何种工作，一定要全力以赴，保持良好的精神面貌。

不少理财经理工作了一段时间之后，突然发现自己成了一个机器人，每天重复着单调的动作，处理着枯燥的事情，每天想的不是怎样提高工作效率，提升自己的业绩，而是盼望着能早点下班，期望着行长不要把困难的工作分配给自己。这样的人，人生的目标只是过一天算一天，他们不断地抱怨环境、抱怨同事、抱怨工作，在工作中不思进取，在生活中不求上进，让自己陷入职业的困境中。要想摆脱这种职业困境，唯一的办法就是唤起自己的工作热情，带着热忱和信心去工作，全力以赴，不找任何借口。

一个充满工作热情的理财经理，会保持高度的自觉，把全身的每一个细胞都调动起来，驱使他完成内心渴望达成的目标。热情是一种强劲的激动情绪，一种对人、对事、对物和信仰的强烈情感。热情无疑是我们最重要的禀性和财富之一。不管你是否意识到，每个人都具有火热的激情，它是一个人生存和发展的根本，是人自身潜在的财富，只是这种热情深埋在人们的心灵之中，等待着被开发利用。

良好的精神状态是做好工作、成就事业的力量源泉。精神状态就是工作状态。俗话说："人有精神老变壮，地有精神土生金。"一个人要想干一番事业，一时一刻也离不开精神的支撑。振奋精神，就是要把个人的一切融入到事业中去，把事业贯穿人生，集中精力、一心一意，以积极主动的工作姿态做好各项工作。一个理财经理有了良好的精神状态，就会全身心地投入到公司的营销工作中去，就会爆发出惊人的力量，创造出惊人的业绩，尤其是遇到困难时只要振奋精神，就会坚定信心、鼓足勇气去克服前进道路上的种种困难。振奋精神是一种状态，也是一种智慧，更是一种本领，反映了一个人或一个集体的思想境界、精神状态和能力水平，还可以感染人、教育人、鼓舞人，是形象和作风的展示。

希望每一位理财经理，面对工作都能保持良好的精神状态和饱满的工作热情。

4. 良好的职业形象

做理财经理，你可以长得不帅、生得不美，但一定要干净利索，行为进退有度，说话掷地有声、内涵丰富，处理业务快捷高效，你可以看起来不像个营销员（最好是这样），但客户一见到你就自然而然地愿意信任你，喜欢联系你，心甘情愿地帮助你。

形象很重要，理财经理的形象代表着公司的形象，笔者根据多年经验总结出了理财经理形象"七大忌"，都是平时不太引人注意、关键时又经常会"掉链子"的细节，如果这些细节都处理完美，你的职业形象或许会有质的改变。

第一忌：签字笔不下水

有个段子，讲的是各行各业的口头禅，记得警察的是“不许动”，老师的是“安静点儿”，而理财人员的是“我的笔呢”。

公司等金融机构经常要与客户签署各类的文件，有时还要上门为客户服务，如果在签署合同时出现签字笔不下水的情况则会非常尴尬，有时公司员工只带了一支签字笔，而会见客户的环境可能还没有多余的备用签字笔，这样就会让公司员工很被动，客户也会很难堪。遇到这种情况，客户可能会直接提出这样的质疑：“你们公司平时不上门给客户服务吗？笔都没有还办什么业务？”所以，作为理财经理，无论是在网点还是上门服务都要携带两支以上的签字笔，而且每天上岗前必须检查签字笔是否能正常使用。

更专业的做法是，理财经理携带了一支超级精美的签字笔，找客户签约时，将笔双手奉上，并说：“能与您签约是我们公司的荣幸，行领导很重视，特地让我为您准备最高级别的礼遇，连签字笔都是特别为您准备的。”有的理财经理的“发挥”更让人感动：“这支笔是为您特别选购的，您的签字代表着对我们的信任和托付，这支笔也请您留下做个纪念，作为我们合作和友谊长存的见证。”听了这句话，你是不是顿时感受到一种温暖？

第二忌：肩背电脑包

公司的理财经理经常要带着电脑包上下班或去拜访客户，累了时就会不自觉地用一个肩膀背着电脑包，其实这样的举动会损害理财经理的职业形象，说得通俗些，这样的形象更像走街串巷的“推销员”而不是“经理”，单肩背包会导致一个肩膀自然上倾，走路的姿势也会随之改变，有谁能在这样的状态下走出“金融气质”呢？正确的方法是无论电脑包多重，都要用一只手拎着，并保持稳健的步伐，抬头挺胸，因为这个时候你代表的是一家公司的形象，而不是推销员。

第三忌：不守时

作为理财经理，要以准时为职业操守。现在城市交通确实拥堵，如果是会见客户就要提前到达会见地点，宁可等待客户也不要让客户等待。如果确实没办法按时到达会见地点，也要立刻给客户打电话道歉，并说明迟到的具体原因，例如车堵在什么地方，大概还要多长时间能到等，切忌没有任何音信，等晚来半小时后，见到客户了才说“不好意思，路上堵车”，提前通知客户叫作“尊重”和“危机处理”，晚到再解释叫作“借口”，性质和结果完全不同，大家自己细细体会：一名对时间要求极其严格的理财经理，会在客户心中树立绝对的诚信口碑，客户相信你一点就会相信两点、三点，甚至更多。

第四忌：发型独特

男性不能留长发，女性不能梳夸张发型，其实这个标准很难执行。首先，不会有男生上了班还留长发，多长算是长发？其次，女性梳什么样的发型算是夸张发型？有些公司干脆规定男性头发不能长过 5 厘米，女性长发必须盘头、短发不能过肩。笔者理解的发型不能独特，其意思是要中规中矩，有些男孩子刚参加工作，头发确实不长，但是明显过于“时尚”，这就会给客户一种不成熟、不稳定的印象，如果作为金融机构的员工想要维护自己和单位的形象，却又不知道应该如何确定自己的发型，可以参考《新闻联播》主持人的发型。

第五忌：上下装不统一、短袖系领带

公司员工统一工装是基本要求，但是有很多公司的员工到了单位后，把上衣换掉，下装还是普通的便装，我们经常会看到上身工装，下身牛仔裤、休闲裤的员工在营业大厅穿梭，甚至还有女性员工穿着靴子上班的情况，这些都会严重损害金融机构的形象。如果理财经理这样穿着，客户就会很怀疑该公司员工的专业性和工作严谨性。

还有很多公司员工夏天穿短袖系领带，这样虽然看似统一，却犯了商务礼仪的错误，反而让懂行的客户认为这家公司的领导没有受过职业训练，按照惯例，职业装的短袖是不能配领带的，要么短袖衬衫配西裤，衬衫左胸处佩戴工号牌；要么长袖衬衫配西裤并系领带，衬衫左胸处佩戴工号牌。

第六忌：名片手改电话号码

一名专业的金融从业人员应该长期固定使用一个号码，如果持有两个电话号码最好是一个移动号、一个联通号，这样就能确保在任何情况下电话都保持畅通。如果理财经理的电话号码变了，那么他应该第一时间短信通知自己的所有客户，部分重要客户要电话通知。有的理财经理为了省事会在名片上手工改成新的电话号码，这样做不仅“业余”，而且对理财经理的形象损害也相当大。

第七忌：错别字和用错标点符号

作为银行、信托、证券、保险等金融机构的员工经常要协助客户签约写字、读字，这时如果你写错或读错就会让你的客户大失所望，客户会直接怀疑你的文化水平。

理财经理小吴替小马值班，恰巧碰到小马一位姓叫“褚赣”的老客户，小吴一直把“褚（chǔ）”当成“朱（zhū）”来读，接过名片满脸笑意地说：“您就是‘朱赣’吧?”一旁的人立马投来好奇的目光，客户的脸瞬时阴沉了下来：“我叫褚赣，不是‘朱赣’!”小吴红着脸赶忙道歉道：“对不起，对不起，我一直把这个字念‘zhū’呢，谢谢您，今天教会我一个字，您是我的老师，谢谢老师!”客户看他确属无心，也未再纠缠，小吴这才化险为夷。

金融从业人员要准备文字较多的材料，要给客户发送邮件或短信，正确的文字和标点符号的运用就显得非常重要。一名严谨的金融从业人员即使是对短信息的标点符号也非常的谨慎和准确，如果我们是客户，每次接到理财经理发的短信都是错别字和错误的标点符号，我们会有什么感觉呢？相反又会怎样呢？这些细节都可以证明理财经理的金融素质和态度是否严谨，对于客户选择非常重要。

我们常说，一个理财经理的形象决定了他的业绩，保证了他的收入，确定了他的事业发展，进而决定了他一生的命运。至少在理财行业里，这被反复验证，理财经理吃的是台面上的饭，形象不恰当，会吃大亏。

5. 衣着整齐

衣着整齐决定客户对你第一印象的好坏，得体的穿着打扮使你更容易博得好感与信赖。

选择衣服的色调，最好以不会给人不快而又清爽的深色为主，但深色服装的缺点是，一旦沾上灰尘或头皮屑，就格外显眼。所以使用梳子梳理头发时，千万要留意是否有头皮屑或头发掉在上衣领口上，以免出丑。

长裤要每天熨烫平整；衬衫以浅色为宜，至于袖子的长度，应比西装的袖口长一些；衣领和袖口要保持干净，领带不仅具有搭配西服的效果，也有使对方心情明朗愉快的功能，因此领带色泽与衬衣、外套的搭配十分重要。

接待客户的人，则应稍微花点心思，配合当天的天气来选择领带，男性最好有 5 ~7 条备用；上衣的整理则必须和长裤一样，每天用刷子去除表面的灰尘或污垢；西装则要考虑季节因素，夏季和冬季各购置两套备用。女性的服装以大方而不艳丽为原则，戒指、项链、耳环等饰品不宜夸张，身上佩戴的饰品种类不超过 3 件，并应视不同场合予以适当佩戴。

除了服装外，仪容尤为重要，不妨注意下列事项：

头部：头发不可留得太长而脏乱，梳理时要当心掉落的头发和头皮屑沾附在衣服上。胡须要每天剃刮。女士须化淡妆，清淡素雅即可。

双手：指甲要经常修剪保养。小指的指甲蓄留过长，容易引起他人反感。避免擦涂颜色浓艳的指甲油，以涂透明指甲油为宜。留意袖口的洁净。

脚部：皮鞋要经常保持光亮，弄脏的地方应随时擦拭干净。女性要养成随身携带丝袜的习惯，在丝袜破裂时随时可以更换。

其他：避免使用味道浓烈的香水。经常挺直背脊，保持端正姿势。每天早上检查自己的服装仪容。

根据6种客户人格特质设计应对方案

总有客户犹豫不决，总有客户爱听谣言，总有客户说好了又变卦，总有客户怕这怕那……没关系，只要了解了客户的理财心理，就可以按头制帽，用合适的应对方式让他们走出心理误区，成为理财经理的忠实追随者。

1. 专家型客户

小张做保险营销五年了，近来却感到困惑不已。每当给客户送去计划书时，客户不仅讲得头头是道，还对其他公司的产品了如指掌，甚至一些保险资讯，小张还是从客户那里听来的。

经过十余年的磨炼，接触过形形色色的代理人，如今无论财险还是寿险，客户们越发地“成熟”了，不仅善于货比三家，而且比近几年新进的代理人还显得专业。也难怪，姑且不论资讯这么发达，对保险的认识，仅从上门拜访不断的代理人那里就了解了很多。

这就是说，消费者在整个保险消费过程中表现出了“保险专业化”的倾向，他们不仅仅是“上帝”，更是产品知识方面的专家。小张（包括千千万万个代理人）只是某个保险公司对消费者信息传达的一个渠道，而客户却是所有保险公司信息传播（包括各种代理人、媒体、网络等手段）的终端接收者。你给他推荐车辆险，他会告诉你哪家理赔最好。你向他推荐分红保险，他却早已知道哪家公司的收益率最高。你好不容易设计一份家庭保障计划，他竟告诉你，某公司的定额家财险也挺不错……

买方市场的形成，已经使客户从惊讶于保险公司这么多了，转化为我要挑选更专业的公司、更专业的人士。作为代理人，应该是最早、最直接地感受到专家型客户群体的壮大。但是，由于代理人群体的不稳定性，许多人对客户变化的感知和反应非常迟钝，只是觉得市场变了，竞争激烈了，客户越来越难对付了。

作为代理人，应如何面对专家型客户？

首先，树立好自身的专业形象。专家是社会分工细化的结果，客户不仅是本行业的专家，也是消费领域的专家。这充分说明，代理人必须致力于在保险业成为专业人士，不仅要加深对专业知识的掌握，更需要以自己的专业化形象，使客户相信你已经成为保险业职业化的“资深”人士。这样，在客户认识的众多“代理人”中，你能做到与众不同、脱颖而出，客户才会认可你的专业形象，进而才会谈到他的保险消费问题。

其次，真诚对待每一位消费者。如果没能如实告知、光夸大产品的好处等，业务过程中的任何疏漏或者欺骗，都有可能导致消费者的犹豫和摒弃。绝对不能忽视消费者的素质，应该以自己的专业和诚信，让消费者感受到，选择一个合适的代理人，比选择某家公司、某种产品更重要。保险消费不是买条款，而是购买专业人士的专业化服务。

最后，必须根据客户风险状况，设计出适合客户风险管理的保险组合，而不仅仅是阶段性地主推某个主打条款。

面对专家型客户日益增多，各级保险公司的经营管理者也应该与时俱进，以自己的资源把代理人培养成为专家而不仅仅是营销工具。

2. 盲目型客户

所谓盲目跟风，就是看见别人纷纷投资某产品，自己恐怕落后，不管市场行情如何，也不考虑产品实际的经营情况，就跟着买进；当看到大家纷纷脱手卖出，也不问缘由，便稀里糊涂地放弃很有潜力的产品。不论选择买还是卖，都不经自己大脑过滤和判读，完全随波逐流。

盲目跟风心理与缺乏主见心理有关联，盲目跟风的客户肯定不是个有主见的人，但是盲目跟风心理下表现出来的理财过程和结果，与缺乏主见心理还是有所区别的。

对理财经理来说，最大的不同点在于：缺乏主见的客户容易接受理财经理的合理建议，因为他不是没有判断能力，只是缺乏主见。但盲目跟风者头脑简单，往往并不知道自己的误区，经常会跟理财经理对抗。所以，要为他们提供理财帮助，需要理财经理采取一些有针对性的策略。

面对盲目跟风的客户，重点是要让他对理财经理产生信任。因为跟风者听信谣言、专家评价、小道消息等信息，归根结底还是信任该信息的来源。跟缺乏主见者相比，他们基本上不容易接受理财经理的建议。而理财经理如果不能及时让客户停止跟风的行为，一旦该理财产品没有达到客户的预期目标，会非常容易受到客户的谴责和投诉。因此，第一时间获得客户在感情上的信任非常重要。

在以下案例中，理财经理处理得就非常巧妙。

客户：“我想了解下××财富计划的详细情况。”

理财经理：“好的，请看这是详细的文件。”

客户看文件时，理财经理起身为客户倒了一杯水。

理财经理：“您眼光真好，这款产品差不多是我们本月卖得最好的产品呢。”

客户：“是啊，我听说我们公司几个老总都买了它，所以特地来看看，打算也买点。”

理财经理：“您投资理财产品也有一段时间了吧?”

客户：　“也不算长，一般都是买点短期的，比银行利息高点就行。”

理财经理：“这款产品的收益比短期产品要高不少，您是冲着这

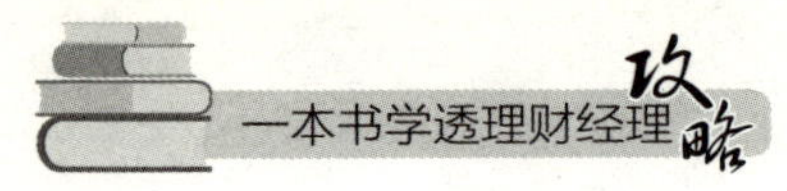

个来的吧？您看这里是详细的数据说明。”

理财经理在文件上向客户指明相关的收益比例等数值。客户仔细看着。

理财经理：“这款产品收益高，但是时限也不短，不知道您最近对资金有什么规划吗?”

客户：“倒是还没有太明确的规划。”

理财经理：“这款产品预期收益率高达 7.35%，但是非保本，理论上投资该产品是有可能亏损的，虽然到目前为止我们网点还没出现过这种情况，但我必须提醒您，如果选购该产品，您要做好充分的心理准备。”

客户：“你不是说这款产品是这个月卖得最好的吗?”

理财经理：“的确是这样，不过有原因。要知道，这款产品原来只针对我们公司的 VIP（贵宾）客户，这个月初才开始面向所有的客户，所以销售量一下子就上去了。”

客户：“哦，怪不得。我想我们那几个老总都是投资高手，他们看中的产品应该不会错。”

理财经理：“您认识的那几个老总的确很有眼光。他们手中应该是有笔闲钱暂时不打算投资其他的——确实现在大环境不好，所以选了这款产品。不过以专业的角度来看，这款产品适合他们，但未必适合您，您不妨再考虑考虑。”

客户：“听你这么一说，我觉得也有点道理。我可不想血本无归。”

理财经理：“其实我可以为您推荐另外两款产品，收益虽然比这款产品稍微少点，但在同样期限内已经是收益最高的了。最主要的是它们都是保本的，而且最低购买额也比这款产品低许多，您不用一下子拿出一大笔资金就可以轻松理财。您不妨了解一下。”

客户：“你这经理挺有意思。别人看到有买卖上门早抢着办手续了，你倒还劝我别买，少买。”

理财经理：“因为我的责任不是卖一两份理财产品，而是帮助您拥有适合自己的产品，并且协助您做好理财规划。”

客户：“好，我就看看你推荐的那两款产品吧。”

在上述案例中，理财经理面对一个要购买产品的客户，没有仓促地催他办手续，而是耐心地了解他的基本情况，并根据他的情况为他提前规避风险，推荐适合他需求的产品。可能有些人会觉得，这个理财经理太傻了，怎么放在眼前的提成不要，还费那么多劲，不是做无用功吗？

其实，这位理财经理的高明之处就在于他用这个细节赢得了客户的信任。要知道，为盲目跟风的客户提供服务是很麻烦的，特别是在信息资讯极度发达的今天。当他们只是隐隐约约听到一些消息时，就会做出买或者卖的决定。而时过境迁后，又常常大呼上当。

像上述案例中的客户，如果真的遇到折了本的时候，他并不会怪自己盲目跟着老总买产品，而只会怪理财经理给他设陷阱。即使理财经理能够跟他解释清楚，处理这样的投诉也费时费力，而且基本上这个客户就算流失了，他也不会再向这个经理购买产品，甚至不会再选择这个公司开展理财计划。

案例中这位理财经理的做法，看上去貌似损失了自己的利益，但是从长远来看，他得到了很大的好处。

首先，以后这位客户再听到什么消息，即使有跟风之心，也不会置理财经理的建议于不顾。因为他已经相信理财经理是维护他本人的利益的。

其次，客户购买的产品是在他承受能力范围之内的，所以也从源头上减少了客户盲目跟风的举动。因为盲目跟风心理，根源于客户“怕”利益受损。

最重要的是，理财经理为自己、为公司留住了一个客户，为下一次的工作开展打下了良好的基础。

面对盲目跟风者，要让他们自己走出误区，而不是直接指出他们的错误。要知道，没有哪个跟风者会认为自己盲目跟风的，他们都觉得自己是看到了一个好机会。所以，理财经理无须去辨认那个是不是好机会，而是要让客户了解那个机会也许不适合自己。这样，他就会自己做出选择了。

3. 犹豫型客户

犹豫不决心理和缺乏主见心理有相似之处，但不完全相同。缺乏主见的客户，如果信任理财经理的推荐，也会出现非常痛快就购买产品的情况。所以，面对缺乏主见的客户，重在获取对方信任。但犹豫不决的客户，即使非常信任理财经理的推荐，也还是会反复思考，面对此类客户，促成他们下决定更重要。

一般来说，开门见山式的说法比较容易被他们接受，因为可以比较快地缩小他的选择范围。比如，理财经理可以这样说：

"这几款产品都是刚刚推出的，时间短，收益高，卖得也非常好，您不妨先简单了解下。要是觉得不合适，我再为您推荐其他的。"

"我们现在的产品分为三个月期、半年期、一年期，还有少量一年以上的。如果您没有太明确的想法，可以先了解下半年期的，里面有几款非常受欢迎呢。"

"这几款产品是我根据您之前的理财习惯和家庭财富规划精选出来的，您可以先大致了解一下，不买不要紧。"

当客户在买与不买之间犹豫不决时，往往并不是客户没有主见，而是想得太多，反而失去了决策力。因此，理财经理要用事实、用证据帮助客户理清思路。

"您真是好眼光，看中的这款产品是我们这个月卖得最好的。如果您今天购买，还可以得到公司赠送的……只有一天啊，机会难得。"

"您这笔存款活期的收益真的是很低啊，而这款理财产品的时限刚好符合您的要求，几乎是零风险，为什么不追求更高的收益呢？"

"也许你还需要想一想，其实购买理财产品的好处我都已经跟您介绍过了。简单地说有①……②……③……（归纳总结前面介绍过的好处），您很容易就能下决定吧？"

客户的犹豫不决心理，更多地会发生在选择理财产品上。这时就需要理财经理根据客户的实际需求为他推荐理财产品。比如：

"考虑到您家的收入情况，我觉得您买……更好一点。"

"您不妨考虑购买……虽然风险略高些，但是收益非常可观。而且您放心，我们会随时根据市场信息为您提供合理的建议。"

"其实您看上的这两款产品都不错，为什么不一起购买呢？理财没有必要把鸡蛋放在一个篮子里啊。"

面对犹豫不决的客户时，理财经理首先要搞清楚，这个客户是否有购买的决策权。如果客户并非决策人，那就得先了解是谁起决定作用，再跟有决策权的人沟通；如果客户拥有决策权，就要搞清楚他拿不定主意的真正原因，从而对症下药。

（1）客户犹豫不决的原因

一般来说，客户犹豫不决的具体表现为：对产品基本满意，好像也有点心动，但是要决定是否购买时却犹豫不决，总是忍不住瞻前顾后、举棋不定。

心理学上将这种现象解释为：客户存在某种认知障碍。对产品缺乏必要的知识和经验，所谓"吃不透、摸不准"，拿不定主意。具体原因有以下两种：

①情绪刺激。俗话说："一朝被蛇咬，十年怕井绳。"客户曾经上当受骗过，一旦遇到同一类型的销售产品，便会产生非常消极的条件反射。

②性格特征。通常来说，犹豫不决的客户大多具备稳重、谨慎的性格特征。这类客户在观看产品时，需要对产品的各个方面都挑不出毛病才会下定决心，代表了标准的理智型购买行为。

理财经理应该通过认真观察客户的言谈举止，对客户犹豫不决的因素做一个大致的揣测，也可以直接询问客户，让他自己讲出之所以犹豫的原因。假如客户愿意说出原因，就说明他们的确需要理财经理的帮助，这时采取恰当的引导措施就很容易能使交易顺利完成。

（2）排除客户的犹豫心理

对于表现出犹豫不决的客户，理财经理需要有足够的耐心，千万不要逼迫客户马上做出决定。如果客户的犹豫不决来自对产品的不够肯定，理财经理就要始终给予客户肯定的暗示，帮助其消除疑虑，然后通过自己真诚和良好的服务去赢得对方的信任。切不可为了尽快成交而忽略谈话的语气和态度，否则不仅不能帮助客户消除犹豫心理，还可能导致客户更快地离开。

（3）帮助客户做决定

在对客户的情况比较了解了之后，理财经理可以试着帮助客户做出决定。因为对于犹豫不决的客户，一味地尊重其选择，只会助长他们的疑虑。不妨先适当给客户制造紧迫感，然后再根据客户的实际情况和要求制订出具体方案，摆在客户面前，引导客户选择，从而制约客户的犹豫心理，帮助他们果断地做出决定。

4. 胆小型客户

恐慌畏难心理，其实是人类的天性和本能，可以说每个人身上都有这种心理。具体表现是，遇到困难时会不自觉地采取躲避、迂回的态度，无意积极主动面对问题，甚至在潜意识中放大困难。在心理学上，恐慌畏难心理是由于客户本人的惰性和缺乏自信造成的，没有勇气面对现实，害怕失败，甚至从未体验过战胜困难后的喜悦。

有畏难恐慌心理的客户，常说的话有以下几种，理财经理可以有针对性地进行引导，帮助他们建立理财信心。

客户：“我完全不懂投资理财，不会操作怎么办?”

理财经理：“这您大可放心，我们有专业的投资分析专家团队，将在第一时间为您提供信息和技术指导，并有严格的止损止盈设置，使您的投资盈利最大化。而且我们还将免费为您指导投资理财，免费为您申请模拟账号，网上模拟操作，指导模拟操作技术。如果您成为我们的合作伙伴，还可以免费参加我们定期和不定期举行的投资专家讲座。希望您在我们的帮助下，成为投资赢家。”

点评：这样说的客户对理财操作有畏难心理，因为不了解，所以生怕吃亏。理财经理要让客户明白，理财是一项不难掌握的能力，以及强调公司为客户提供的全面服务，可以让理财变得很“傻瓜”。

客户：“我对这一块不熟悉，我不敢做。”

理财经理：“您不熟悉，不了解，这是很正常的。如果您都熟悉了，可能我们现在已经是共同命运的投资者了。其实这就像做生意一样，如果您熟悉的行业已经供大于求，进入衰退期，您再跟风做，肯定赚不到钱。所谓‘早起的鸟儿有虫吃’，做事要做到别人的前面，赚钱也要先人一步嘛！正因为不了解，所以您需要了解一下，晚了机会就失去了，最后就只能看着别人赚钱了。”

点评：这类客户有过其他方面的投资理财经验，但是因为对某一个领域不了解，所以不愿意接触。只要能引起他对该产品的兴趣，就不难让他跃跃欲试，消除畏难恐慌心理。

客户：“听说股票风险很大，我不敢炒。”

理财经理：“没有不好的股票，只有不好的操作，其实股票投资还是比较稳健的投资方式。我们提供的服务，就是以保值增值为基础，帮您合理地运用自己的资金。我们的专家团队会为您提供第一手信息和技术指导，严格的止损止盈设置，尽可能做好每一笔交易，使您的投资盈利最大化。再说，股票市场通常被视为一个买方市场，因为在相关的法律架构下，市场并不鼓励放空操作，只可买涨，市场的趋势通常是循环往复的，不管投资者通过基本面分析法，还是技术面分析法，在一段时期内倾向都会有明显的价格走势，较容易捕捉市场趋势。”

点评： 这类客户对风险比较恐慌，所以要侧重介绍稳健的产品和公司理财服务中规避风险的特长。

客户：“现在股市低迷，我买什么赔什么，再也不敢做了。”

理财经理：“其实您也知道，再差的环境也有拔尖的产品，不论熊市还是牛市都有获利机会。巴菲特也说了没有绝对低点，只有相对低点。现在市场已经低迷这么久了，正是入市的好时机，机会一旦错过就没有了。”

点评： 这样说的客户有投资意向，但是恐惧失败。所以，要帮助他们建立起再战江湖的雄心，让他们了解，危机其实也是一种机遇。

客户：“你们能保证100%赚钱吗?”

理财经理：“投资有风险，您问这个问题证明您不是一个专业的投资者。任何投资项目也不能保证100%赚钱。虽然这款理财产品属于稳健的投资品种，但也是有风险的。不过，我们有严格的交易制度，可以把您的风险控制在一定范围内，以最小的风险赚取最大的收益，让您的盈利机会增值。如果有谁跟您说，购买某款产品保证100%赚钱，那肯定是骗人的。世上没有绝对的事，只有相对的事。所以，我最多只能告诉您，这款产品可以保证您99.9%赚钱。如果您不放心，不妨找个做过金融投资方面的朋友了解一下。”

点评：这样说的客户往往是新手，由于对投资理财的具体情况不太了解才有此一问。所以，要先让他对理财风险有一个正确的认识。为了获取此类客户的信任，可以让他自己了解信息，比理财经理循循善诱效果要好得多。

客户：“著名的证券评论师说了，市场将持续低迷。我不考虑投资了。”

理财经理：“其实现在的名嘴预测说法不一，不知道××的预测您听过没有？是完全相反的。有时投资者所能实行的最积极的策略，就是当别人脱离现实的时候，静待事态发展。我们经常告诉客户，不要让市场牵着鼻子走，如果追逐市场，常常会赔个精光。同样地，如果追逐一些片面的信息，也是极不安全的。我手头有一份银监会最近的市场评测，是内部文件，您不妨看一下，比外面的消息权威而且公允。”

点评：这样说的客户往往也是缺乏主见的人，比较迷信专家和权威。所以，理财经理首先应提出一个与造成他恐慌的说法相反的专家评测，让客户对自己的选择产生怀疑；其次用客户熟悉的常识让客户认识到没必要恐慌；最后巧妙地推荐给客户一个更权威的“内部文件”，以彻底打消客户的疑虑。

客户：“现在的股市环境太差了，你看，邮票、金币市场多红火，我不想投资股票了，我要把钱转去做别的。”

理财经理：“您说得太对了，邮票、金币市场涨起来确实很快，可见您的投资敏感度很高。但是邮票、金币市场是一个很小的、不成熟的市场，其流通性、变现性较差，您投资时可能会遇到变现困难的情况，还有，邮票、金币市场鱼龙混杂，假货泛滥，要求的专业水平相当高，不小心就遇上了假货，使您惨遭损失。相反，证券市场在经过这十几年的发展后，已经逐步成熟起来，投资品种也非常齐全，股票、基金、债券、信托、期货，能满足您的多种需求，同时具有良好的变现能力。”

点评：这样说的客户是比较有主见的人，所以要先赞同他的想法，再用事实说明问题，让他自己比较后下结论，选择最适合他的方案。

总之，在客户新入行和市场动荡的时候，出现畏难恐慌心理是人之常情。理财经理需要做的就是找准原因，对症下药，帮他们走出心理阴影，成为理性的理财者。

5. 胆大型客户

有畏难的就有胆大的。有些客户是手里有钱不敢买理财产品，担心股市说不定哪天还会发生大跌，担心投资后再被套进去。但有一部分客户看到股市和基金在大幅度上涨，便跃跃欲试继续投资。为此，理财经理必须紧紧抓住客户们的内心意愿，帮助他们选择正确的理财策略。

在赌场中，有两种人最容易下大注：一种是已经赚了很多钱的人；另一种是已经亏了很多钱的人。

赚了很多钱的人往往是这样想的：既然我已经赚了这么多钱，即使亏掉一些也没关系，不如搏一搏，没准能再大赚一把。而亏了很多钱的人则会想：我已经亏了这么多了，只有再赌下去才有希望，而且还要押上更多，那样才能翻本。

这样的赌博心理体现在理财中，最明显的表现就是客户对“一夜暴富”的期待。

的确，在市场跌宕的过程中，总会有一些投机者或者幸运儿“一夜暴富”，投资市场也津津乐道于这些传奇故事。但是传奇毕竟只是传奇，那些被别人的故事感染得热血沸腾者，大多缺乏理性对待理财产品的心态。

对这样的客户，理财经理需要让他们明白，投资者应该“给自己的理财思维洗个脑”，把自身当成一名市场研究者或者观察员，而不是以一种赌徒的心理，试图通过听消息挣大钱。

需要理财经理注意的是，这样的客户往往都不喜欢听专业的分析，而且很多会体现出刚愎自用的性格特色。所以，应直截了当地指出他们在理财心态上的误区。不妨用几个富有哲理性的小故事，让客户自己领会，自己找到误区所在。

第一个小故事：

一对新人到赌城拉斯维加斯度蜜月。出于赌城的规定，他们获得了300美元的免费筹码。饭后，新郎随意地逛到轮盘赌的赌台前，将筹码随意地押在了某个数字上。他想，输了就算了。但那一局，他赢了。

第二局，他继续把筹码押在那个数字上，好运继续，这一局他又赢了。

下一局，他还是把筹码押在这个带给他好运的数字上，而好运也似乎一直眷顾着他，最后他赢得的筹码已经积累到两亿多美元。

假如他这个时候选择收手，那么，这两亿多美元足够让他们夫妻尽情挥霍，只是那一刻，新郎的脑袋里只想赚取更多的钱财——他押上全部，决定孤注一掷！

结果这一局好运没能再次眷顾他，小球停在了另一个数字上，巨额财富便这样被他瞬间输了个精光。

这个故事告诉我们，好运并非反复无常，只是当你生出贪欲，想要利用好运为你谋得更多利益之时，也就是它跟你翻脸之时。

第二个小故事：

在一个宴会上，张先生从口袋里拿出一张千元大钞，向在座所有嘉宾宣布：他要当场拍卖这张钞票。以50元为单位，一直到没人再加价为止。出价最高的人，只要交付完价码，便可获得这张钞票。而出价紧随第一名后面的那个人，虽没办法获得钞票，也应该将他所开的价码如数交给张先生。

这个别开生面的拍卖会吊起了大家的兴趣。刚开始的时候，竞价声此起彼伏，到价码抬高到500元时，只余下三四个人还在竞价。最后只剩下王先生与林先生两人相持不下。

当王先生喊出950元的时候，张先生弹了弹手中的钞票，眼睛瞅着林先生，林先生竟然不假思索地脱口而出："1050元！"于是，张先生接着转头看着王先生，等待他加价抑或退出，王先生咬一咬牙喊道："2050元！"这一时刻，林先生直接退出了这个"疯狂的拍卖会"。

拍卖结束。王先生付出2050元，买到一张1000元钞票，而林先生则白白付出了1050元。

这个游戏是耶鲁大学经济学家苏必克发明的，它是一个具体而细微的"人生陷阱"。社会心理学家泰格曾对参加该"千元大钞拍卖游戏"的人加以分析，结果发现掉入"陷阱"的人，通常有两个动机：经济动机或者人际动机。

经济动机包括渴望赢得那张千元大钞、想赢回他的损失、想避免更多的损失；人际动机包括渴望挽回面子、证明自己是最好的玩家及处罚对手等。但归根结底，都是人贪婪和赌博的心理在起作用。

除了这些能够引起客户反思的小故事，理财经理还可以向客户陈述一个经济学概念："沉没成本"。

关于"沉没成本"，最典型的例子是等公车。比如，该公车平常是15分钟一班，当你花在等待上的时间超过10分钟后，你会开始烦躁不安，但通常你会继续等下去。如果等到超过15分钟公车还不来时，你会开始感到后悔——应该在 15 分钟前就走路或坐计程车去的。但通常你还会继续等下去，因为你已经“投资了那么多的时间”，不甘心现在改坐计程车，直到公车姗姗来迟，你心里的困境才获得解脱。

理财经理可以将这个案例告诉客户，在进行价值判断时，应该考虑现时的成本和效益，而不应考虑过去的成本和效益，因为过去的成本与现时的判断是没有关系的。

其实，大多数客户是理解何为“沉没成本”的，但是知易行难，所以在实际的理财过程中，常常违反这一原则。在各种客观信息表明应放弃的情况下，他们仍然会继续投入额外资源，想赌一把，最终造成投资上的“恶性增资”现象。

总之，对于客户的贪婪赌博心理，理财经理需要帮助客户转变观念，再根据具体的需求，给予合理的建议，让客户回归理性理财。面对客户不合理的财富增值目标时，应该客观地告诉他，这种理财目标不切实际，不能因为考虑个人工作业绩等因素而不指出客户不正确的观念。这样，才能取得双赢。

6. 不满型客户

不可否认，“嫌贵贪平”是人类普遍存在的一种消费心理。然而投资理财不是做买卖，产品价钱低，并不代表就“便宜”。事实上，稍有点金融常识的人都知道，高价股、高净值的基金，很可能就是“便宜货”。

有嫌贵贪平心理的客户，在认购基金的时候表现最突出。他们往往更中意低净值的基金，而对那些表现很好的高净值基金望而却步。面对这样的客户，理财经理需要以理服人。

以下的几种说法，可以帮助客户打消嫌贵贪平心理。

“您要知道，基金的单位净值代表的是基金所持一篮子股票的单位价值，基金投资真实‘门槛’是最低认购赎回限额，而不是净值的高低。比如您申购10000元，不同的只是净值高的基金申购到的份额少一点而已，您的投资成本并没有变化。”

“或者您觉得份额多一些，以后分到的红利也更多。但其实在投资的成本不变的前提下，能够获得的收益是基金净值增长率的高低。”

“您也许会发现，目前市面上低净值的基金非常多。其实这是因为大多数新入市的人都有您这样的心理，喜欢选低净值的基金，所以基金公司也相应地直接或变相降低基金单位净值，以吸引新投资者。”

“也许您需要从一个专业的角度来思考下基金的分红。在一个振荡向上或持续向上的市场下，基金要实施分红，就须卖掉一些股票，而这些股票可能还具备较大增值潜力，分红后还要以更高价格买回来，这对投资者其实并非好事。若基金能够及时兑现收益，或在一个阶段性下跌的市场中，暂时将获利股票卖出，实现的收益即时回馈投资者，而不是被迫因分红而分红，那对投资者而言才是真正有益的。”

“预期回报率与价格无关，两者最大的区别是得到的基金份额多少；基金运作水平是最关键的因素，‘物美价廉’策略不适合金融投资。”

“投资基金，就要明白净值高低与收益间不存在必然联系的道理。所以不论是高净值基金，还是低净值基金，能否给投资者带来好收益是关键，也是投资者能否获益的根本。”

以上说法都是从知识上打消客户嫌贵贪平的心理，向客户普及“基金净值高低跟收益没有必然联系”的常识。但如果客户说“我就是喜欢买低净值的基金”，又该如何应对呢？

我们来看下面的场景：

……

客户：“你说的那些我都明白，但我就是要买这个一块多的。”

理财经理：“的确，在低净值的基金中，这款卖得是挺不错的。最近买这款基金的客户也不少，不过都是投资心理比较保守的人。因为这款基金走的是稳健的路线。您觉得它符合您的理财预期吗？”

客户：“这……我想想。”

理财经理：“通过刚才的谈话，我知道您不是那种看事物只看现象不注重本质的人。同样的成本投入，您完全可以获得更高的收益。比如刚才我们讨论过的几只基金，都是公认的高净值高收益基金。或者，您也可以看看另外一只基金，价格跟您选定的差不多，但市场表现比这款更优秀。”

客户：“那行，我就都看看吧。”

面对就是要买“便宜货”的客户，理财经理可以用收益帮助客户走出心理误区，算清成本和收益的账。但要注意：无须跟客户对峙，不要有“一定要让客户买高净值的产品”的想法。如果客户真的固执己见，那么理财经理要做的，就是为客户在他认可的价位上推荐最适合他的产品。

总之，无论面对客户的何种理财心理，理财经理都要抱有一个信念：客户不是在犯错，只是暂时还没有意识到自己的实际需要。理财经理要做的就是帮助客户看清自己、了解自己，然后为他们推荐合适的产品，帮他们理性持有产品。

想在金融界混得好，要具备 6 个好习惯

金融行业不同于其他行业，有其行业的特性，尤其是涉及风险和利润，所以金融行业的从业人员更应该严格地要求自己，养成以下 6 个好习惯。

1. 实时关注金融资讯的习惯

随着金融理财的日益普及，人们对金融产品与金融市场的关注度逐年提升，尤其是理财经理常常会面对一些高净值客户，这些客户中有相当一部分都拥有自己的事业，所以他们对于市场的关注度也比一般人更高，这就决定了理财经理有必要掌控更多的市场信息，对相关市场尤其是资本市场有着属于自己的独特见解。然而遗憾的是，一些理财经理几乎很少关注市场变化，对市场信息的掌控不够及时与全面，因此，在与客户的交流中常常会处于非常尴尬的境地，影响了客户理财的兴趣。

这种情况表现在以下两个方面。

第一，对一些市场，例如资本市场不够熟悉，讲不出其中的道理，无法满足客户对这方面的咨询需要，而客户通常想通过咨询这些问题来了解理财经理的专业能力与基本水平，以此来决定究竟要不要让其帮助自己打理资产或者解决某一理财问题。

如有一位客户在本行的资产不多，理财经理通过多方面了解到这位客户应该是一位高净值客户，但多次联系均没有结果。后来，理财经理了解到这位客户非常喜欢炒股，风险承受能力很强，但遗憾的是，这位理财经理并没有炒股的经历，对资本市场也不是很敏感，一时难以与客户找到合适的话题来交流，因为这位客户除了炒股，好像基本上没有其他爱好。于是，这位理财经理便开始每天关注资本市场，对以前并不关心、不知道的事进行了积极了解和关注，以此来增加自己与客户的共同话题。后来，这位理财经理逐步试着与客户交流这方面的话题，并将自己了解的一些信息及时传递给这位客户，随着交流的逐渐深入，客户也认可了这位理财经理，并加大了自己在该行的资产。

第二，对一些新发生的重大经济金融事件了解掌握不及时，比如存贷款利率调整、存款准备金利率调整等，在客户问及这方面问题时，显得一脸茫然，不知道已经加息或者减息了，有的理财经理虽然知道事件的发生，但对将来的市场有何影响没有自己的见解。

比如，央行每次调整存贷款利率的时候，都会通过网站或新闻联播发布消息，但一些理财经理对其没有过高的敏感度，前一天晚上发布的消息，第二天竟然一无所知，结果有客户问到对央行的这一政策有什么见解时，却表示自己从没听过这一消息，让客户很是不理解："你作为理财经理……"如果此时理财经理再向这位客户营销时，结果可想而知。但如果理财经理能在重大消息发布的第一时间通知相关客户，并提出自己的看法，客户对理财经理肯定会刮目相看。

因此，我们建议，作为理财经理，每天都应当抽出一部分时间来关注市场、关注时事热点，并对当下经济、金融以及投资理财领域有所熟悉，对市场形成自己的观点或独到的见解，增加和客户交流时的"谈资"，创建自己在客户心中的专业度及良好形象，只有这样才能将理财工作真正做好。

2. 良好的谈吐习惯

理财经理应会和不同人打交道，下面介绍不同客户的类型与技巧。

（1）公务员

客户特征：决断力不强；提防心强，不轻易相信营销人员；乐于分析别人的心理。

沟通技巧：建议从子女切入，态度不能太过积极。

（2）经理人

客户特征：头脑精明；有些傲慢，有时拒人于千里之外；依心情选择商品；不喜欢外来压力。

沟通技巧：谦虚地进行沟通，建议从养生、时事新闻切入。

（3）专家

客户特征：心胸宽广；想法积极；突然做购买决定；清楚交易的实际情况。

沟通技巧：对其专业性给予称赞；建议从其所属专业领域的问题切入；虚心请教、表现出崇拜。

（4）大学教授

客户特征：保守；极端谨慎；常提出人意料的问题。

沟通技巧：奉承其才学，有意采取向其学习的态度。

（5）教师

客户特征：善于说话、思想保守。

沟通技巧：对其职业表示敬意；展开积极但稍微谨慎的产品介绍；注重展示专业性。

（6）工程师

客户特征：理智，头脑清晰；对事情追根究底。

沟通技巧：对其购买权给予足够的尊重；需要对其进行细致和彻底的讲解。

（7）医师

客户特征：保守；注重商品价值。

沟通技巧：显示自己的专业知识；建议从投资理财切入；注意给对方足够的面子。

（8）警官

客户特征：疑心重，喜欢挑剔；以自己的职业为荣。

沟通技巧：寻找共同语言，激起其自尊心；倾听对方的自夸，并表示敬意。

（9）护士

客户特征：自尊心强；态度积极。

沟通技巧：称赞其职业；建议从穿着打扮、家居环境切入；请教养身保健。

（10）商业设计师

客户特征：观点特殊；既乐观又悲观；容易动摇。

沟通技巧：强调收益弱化风险；讲某客户赚钱的故事。

（11）营销人员

客户特征：观念清晰，有个性；会冲动购买；对交易抱有乐观的心态。

沟通技巧：显示专业的营销；对其知识或职业表示佩服；建议从探讨营销开始拉近关系。

（12）普通职员

客户特征：不轻易相信别人；不会浪费无谓的金钱。

沟通技巧：让其了解产品的真正好处和价值所在；建议从穿着打扮入手。

（13）退休工人

客户特征：态度保守；决定与行动缓慢。

沟通技巧：态度恭敬且稳重；耐心引导，讲赚钱故事。

（14）农民

客户特征：思想保守；自强独立；心胸宽广，受人喜欢；明白事理。

沟通技巧：用积极而情绪化的介绍打动对方；话语诚恳，注意礼节。

3. 控制情绪的习惯

理财经理的工作不是单打独斗，也需要领导的指点、同事的配合，还要面对形形色色的客户，如果棱角过于分明，个人风格过于强烈，就容易让业务陷于停滞，难以进行。

要学会“忍辱负重”，在业务中要利用各种各样的客户去磨炼自己的脾气，用各种难办的事去磨炼自己的耐心，消化掉不利因素，才能越走越远。

在与客户打交道时，难免会遇到客户责难。客户责难即使无理无据也要平实以对，对自己的过错更不要极力辩驳、卸责。

4. 遵守时间的习惯

做人要惜时，做事要守时。养成有效管理、合理利用时间的习惯，就要求理财经理要懂得时间管理的窍门，坚持时间管理的“二八”法则，即用 80% 的时间和精力去做最有价值和最重要的事，其他 20% 的时间则去完成其他该做的事。因此，我们每一位理财经理都要养成守时的好习惯，严格遵守工作时间、作息时间，确保提前完成各项工作任务。

行为科学研究表明，一个人的行为大概只有 5% 是属于非习惯性的，而 95% 都是习惯性的。习惯经过反复训练强化，会在不知不觉中变成一个人本能的一部分，会累积成一个人的素质。养成良好的习惯需要毅力、需要恒心，但一旦这些习惯成为你的本能，成为你的素质，你将会成为一名最优秀的理财经理。

5. 解读整理的习惯

金融信息的专业术语太多，还有很多复杂的往来关系，没有基础的普通人经常会断章取义，反而引起麻烦，所以真正的专业人士要会“解读”和“整理”，能够通俗地说清楚金融信息才是专业能力。

用最日常的事举例解读“金融信息”，例如“资金池管理”就解读成：就像咱们家的水缸，不断有水进来（就是存入的资金），又不断有水出去（就是资金投资出去），又不断有水进来（就是投资后获利和投资的本金），又不断有水出去（就是归还投资人的本金和收益），这样进进出出，只要水缸里有水，这样的运作就能一直持续下去，而且可以获得相应的利润。

6. 风险洞察的习惯

金融领域处处是风险，而金融领域的收益又来自经营风险，没有风险就没有利润，所以，既要洞察风险又要利用和运用风险控制，在风险可控的条件下来获得利润最大化，一旦发现风险无法控制就必须放弃。一名不会洞察风险的金融人士是早晚要出事的。

实用工具

新客户理财记录表

新客户理财记录表

姓名	电话	身份证号码	年度平均	重要日子(阴历)			理财层次(有/无)			风险偏好（高、中、低）	兴趣爱好
				生日	配偶生日	结婚纪念日	基本理财	中层理财	综合理财		

第三章

理财经理沟通话术实战

和客户交流，看似聊一些无关紧要的话语，但这种信息传递很重要，也很有必要。那么，理财经理如何与客户进行有效的沟通与交流呢？本章就介绍一些沟通的常用方法与实用技巧。

巧妙沟通，打动人心

理财经理一腔热情地向客户介绍，面带微笑，口若悬河，换来的却是客户的不理不睬，跟陌生客户的初次沟通难道就这么难吗？

反观一下那些业绩好的理财经理，他们见到客户后，几乎流露不出营销的痕迹，手中无剑而心中有剑，和风细雨般地寒暄聊天，不动声色地交流，却能换来一个个大额的单子。这到底是什么原因？外行看热闹，内行看门道，单纯地复制他们的话术也会进入走投无路的死胡同。找到他们的规律，才会让自己具备举一反三的能力，才能在与客户的沟通中做到轻松驾驭。

也许沟通风格和沟通时间不同，也许面对的客户不同，但总结其沟通结构，却能发现也是有规律可循的。他们与客户见面后并不急于介绍自己的产品，而是采用寒暄的方式，聊一些看似与业务无关的话题。等与客户拉近距离后，再开始沟通业务话题。客户最反感推销，所以，第一步并不是开门见山，而是让客户感受到今天沟通的价值，让客户明白见面的正向动机。动机呈现非常重要，如果动机是营销产品，客户会树起“防火墙”；如果动机是帮助客户解决难题，客户会敞开心扉。待客户心安后开始进入主题对话，如果想吸引客户，就两个字——痛快（即痛苦与快乐）。客户的成交动机只有两个：一个是逃避痛苦，另一个是追求快乐。对话结束后，不要着急和客户说再见，在客户离开前，确认一下今天谈话的重点内容，并将下一步要做的事情与客户进行确认。

总结沟通话术的结构，共分为四个步骤：第一步，预热沟通——寒暄赞美；第二步，动机沟通——目的呈现；第三步，主题沟通——方案讲解；第四步，总结沟通——要点确认。

1. 预热沟通——寒暄赞美

陌生人之间似乎隔着一层看不到的玻璃墙，让“小白式”理财经理不知道如何才能走进客户心里；老道的理财经理似乎有一个无形的小锤子，在不知不觉间敲碎了这层玻璃墙，让陌生感一下子灰飞烟灭，与客户一起营造出一个融洽、愉悦的沟通环境。这把敲碎玻璃墙的小锤子到底是什么样的神器呢？其实，就是寒暄。

理财经理和客户见面后不要急于进入一本正经的产品介绍中，即使再有素质的客户也受不了这种“礼遇”。见面后，第一件事是“消除客户的警惕与抵触心理”。如何消除呢？可以先做个热身运动以调整情绪。客户能够来网点见面，说明他还是对你有点儿好感的。如果过早地介绍产品与促成交易反而会让客户感觉“压力山大”，好不容易建立起的好感也将瞬间烟消云散。试想下面的两种情境。

A：宋女士，您好！您的账户里有不少钱存了活期，其实您可以考虑买一些理财产品，最近的收益还是挺高的。我们有两款产品的收益率分别为4.6%和5.1%，期限分别是30天和90天，您看您希望购买哪一款呢？

B：宋女士，您好！不瞒您说，第一次给您电话的时候，我还有些紧张，但电话中您的声音不仅好听，而且热情，一下子就让我心里有种和朋友聊天的感觉。今天和您一见面，才发现，您不仅声音好听，人长得更好看。您特像我一个表姐，我就叫您宋姐吧……

如果你是客户，会希望面对哪一种理财经理呢？“让客户愿意听你讲话，比你讲什么话更重要！”

2. 动机沟通——目的呈现

动机沟通时要遵循 PPP 原则。

什么是 PPP 原则？下面用表 3－1 来进行说明。

表 3－1　　PPP 原则的解释

英文	释义	概括
Purpose	谈话的目的是什么	动机呈现
Profit	对客户有什么好处	核心价值
Process	我们需要做些什么	沟通主题

客户与理财经理见面后，会不由自主地假设：“你不就是想向我卖产品吗?”如果这时候理财经理开口就提产品，客户心里就会扬扬得意地想：“我没猜错吧，就知道你安的什么心!”然后，他拿出早就准备好的反驳话语来进行对抗。如果遇到内心不够强大的理财经理，此时会灰溜溜地甘拜下风；而如果遇到一个强势的理财经理，此时的营销会变成辩论会。无论是哪种结果，成交似乎都与理财经理无缘了。那么寒暄后的下一步要做什么呢？不要急着亮出产品，而是呈现动机，让客户清楚地知道今天的见面会给他带来什么。我们来看看非专业营销人员与专业营销人员之间所用话术的差异。继续上面的案例：

A：宋姐，我准备向您介绍一款人民币理财产品，收益可高了，有 4.8% 呢，期限是 40 天，这款产品很适合您，建议您买 20 万元试一下。

B：宋姐，作为您专属的理财经理，让您资产增值是我的责任，所以对您非常关注，发现由于资产结构单一，您每个月最少损失 3000 元。看到您有损失，我实在忍不住才约您今天过来聊聊如何规避这些损失……

哪种说话方式客户感觉会更好呢？选择 B 的应该占大多数吧！为什么呢？如果从动机角度思考，A 话术所呈现的动机是营销产品，B 话术所呈现的动机是解决问题。A 话术是以产品为中心，B 话术是以客户为中心。说得通俗点，A 话术说的是自己的事，好像与客户无关；B 话术说的是客户的事，好像与自己无关。

总结一下，呈现动机，让客户明白沟通的价值，为下一步营销做好铺垫。呈现动机环节有两点需要注意：营销的第一步不是让客户喝水，而是让客户感觉到口渴；以客户为中心，以难题为主题，切勿以产品为中心，以营销为主题。

3. 主题沟通——方案讲解

不少人都曾提出这样的疑问："方案讲解？为什么不是产品讲解呢？"提出这个问题的人还没有走出推销的思维定式，作为公司的理财经理，如果把"营销产品"当作你的目的，会碰得头破血流。理财经理存在的价值是帮助客户打理资产，而产品正是客户金融资产管理的工具。所以这里讲解的不是产品，而是如何解决客户金融难题的工具。比如网银，如果站在网银本身的角度去营销就会步履艰难，而站在帮客户节约时间成本、费用成本等难题的角度去营销就会取得双赢。所以，主题沟通的第一要点就是换位讲。

在主题沟通这个环节，最好的交流环境是哪里？很多人会说是面对面的沟通环境。没错，但是令人感到纳闷的是，为什么明明知道需要进行面对面的沟通，还是有不少营销人员在电话中就迫不及待地向客户开始介绍呢？

前两个沟通步骤可以不局限于面对面的沟通，但讲产品这个环节的第一个要点就是要当面沟通。在这个前提下，营销人员才能充分发挥察言观色的能力，及时掌握客户的心理变化，抓住恰当的时机向客户进行介绍。

人的语言分为声音语言和肢体语言，而肢体语言是潜意识的折射，更能看出客户真实的内心。尽管客户口中表达着接纳的热情，但肢体语言却在不知不觉中出卖了他，比如双手抱在胸前、将双手交叉放在前面的桌子上、沟通的时候不时地看表、谈话中不时地玩弄钢笔，等等。这些动作传递出了一个相同的意思，那就是还没有完全接纳和认真倾听。这时候就不要急于进入方案讲解环节，而要继续就客户目前的难题进行深入的沟通。客户可以不关心营销人员做的方案，但不会不关心自己的得失。所以主题沟通的第二要点就是当面讲。

有的营销人员一旦进入介绍环节就开始滔滔不绝，恨不得把所有知道的都倾囊讲出。想必这样的人不在少数。如果向大家提一个问题：是营销员说得爽可以成交，还是客户说得爽可以成交？相信大多数人都会不约而同地选择后者，但明明知道答案，现实中还是不乏口若悬河者。通过大量的观察，笔者得出一个结论：营销中把单向沟通变成双向沟通，成功率会提高三倍以上。也许您会有疑问："我也想让客户讲，但客户就是不愿意讲怎么办?"其实想让客户讲话的方法只有一个字，就是"问"。

A：肖小姐，您一定对人民币理财很感兴趣，因为这个产品可以帮助您很好地打理您的资产，我们这一期的产品非常好，40 天，收益有 5.2%，非常有吸引力，很多客户都在我这里购买了这个产品，这个产品太适合您了，我真心建议您买 10 万元的。

B：肖小姐，您的思考能力很强，一定会关心自己资产收益的高低吧？物以稀为贵，不管哪个公司，好产品总是不多的吧？您这个阶段，用钱的地方比较多，您一定希望能灵活地支配自己的资金吧？活期收益有 0.35%，如果能增长 10 倍，甚至更多，您一定会感觉是件好事？没错，市面上有很多高收益的投资方式，您也认同这里面有很多风险吧……

自己感觉一下哪种效果更好一些呢？B 方法罗列出的问题，是不是能够更好地让客户参与到营销沟通中呢？如果客户不停地说出"是的"，那么到最后成交环节是不是也更容易达到“是的”呢？所以主题沟通的第三要点就是互相讲。

4. 总结沟通——要点确认

仅仅靠一面之缘就完成营销，并非没有可能，只是需要人性的洞察与高明的技巧。鉴于大部分营销人员并不是天生就具有这方面的才能，所以多数情况下，营销人员与客户的第一次见面仅仅是建立了关系与好感，让客户初步了解了产品，同时，客户对产品还要有个对比和考虑的过程。那么我们应该如何应对与结束沟通呢？

方案呈现后，出现客户异议是一件绝好的事情。为什么？请感觉一下下面两个客户中的哪一个更有诚意？

> 客户 A：好的，小刘，这个产品不错，谢谢你的介绍，回头我再过来！
>
> 客户 B：这款理财的收益还算可以，就是这合同上没有注明保本。如果买的话，我心里有些不踏实。

是不是客户 B 更有意向购买？因为资深的理财经理一眼就能看出客户 A 是在敷衍。所以，讨厌客户异议的理财经理，不要在听到异议时就愁眉不展、心情郁闷了，请切记，有异议才是有诚意！

哪怕客户最终没有成交，也不要匆忙结束与客户的沟通。这恰恰是体现成熟与涵养的最佳时机。如果此时的你语无伦次或者立马送客出门，不管你把前面的动机掩饰得多么天衣无缝，这会儿客户也会立马明白：“原来你找我来就是想要推销产品！”那么，沟通结束前该如何做呢？

在沟通结束前需要运用下面的谈话结束公式：“总结 + 承诺 + 感谢”。沟通中之所以会出现误会，有以下几种原因：你并不知道客户的想法；你所知道的并不是客户真实的想法；你以为客户知道了你的意思，但客户未必真正知道。所以，在沟通结束前，首先要总结今天的沟通要点及下一步具体的事项，比如今天沟通的重点内容、下一步沟通或面谈的时间、需要为客户准备的资料、都有哪些人、是否要同往等内容。等客户一一确认后再进入第二步承诺。态度比行动更重要，所以要让客户看到你的诚心和细心，告诉客户你会在什么时间完成什么事情，并且会全力以赴地去做，让客户放心。最后一步是感谢客户今天能抽出时间，并且推心置腹地与你交流，无论是否能够建立业务关系，最起码多了一个新朋友：有业务没朋友，业务早晚也没有；而有朋友没业务，业务早晚会有！

提升你的倾听能力

不同的方式方法和质量，将产生巨大的效果差异。因此，理财经理在倾听时应该表现出对客户充分的尊重、情感的关注和积极的回应等，力求达到最佳的沟通效果。

1. 什么是倾听

倾听是一种情感的活动，不仅是耳朵能听到相应的声音，还需要通过面部表情、肢体语言和语言来回应对方，传递给对方一种你很想听他说话的感觉，因此，倾听是一种情感活动，在倾听时应该给予对方充分的尊重、情感的关注和积极的回应。

倾听的“听”，其繁体字有一个“耳”字，说明听字是表示用耳朵去听的；听字的下面还有一个“心”字，说明倾听时要用“心”去听；“心”字上面一个“一”，表示倾听时要一心一意；听字里还有一个横着的“目”字，说明你在听时应看着别人的眼睛；在“耳”的旁边还有一个“王”字，代表把说话的那个人当成是帝王来对待，具体如图 3 - 1 所示。

图3-1 "听"字的繁体释义

从"听"的繁体字中可以看出，倾听时不仅要用"耳朵"，还要用"心"，用"眼睛"，更重要的是要把你对面的那个人当成是帝王，充分地去尊重他。

2. 倾听的内容

倾听不但要听清楚别人在讲什么，而且要给予别人好的感觉。那么听时理财经理都应听什么呢？对理财经理来说，需要听两点，具体如图3-2所示。

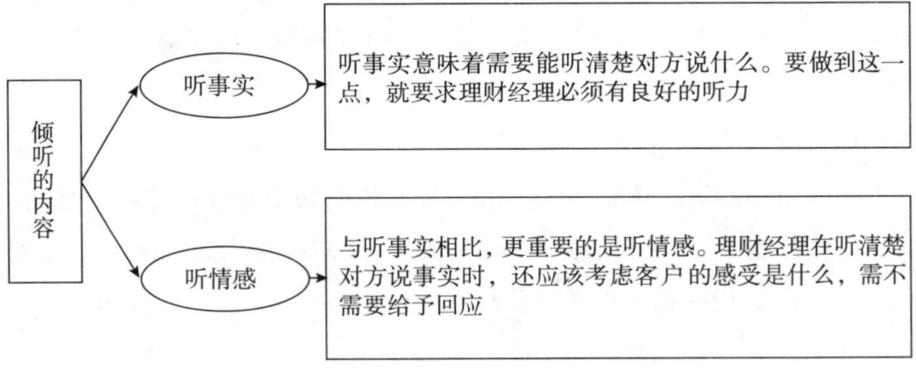

图3-2 倾听的内容

A 对 B 说："我昨天看中一套别墅，决定把它买下来。"B 说："哦，是吗？在哪儿呢？恭喜你呀。"

A 看中了别墅，想买下来，这是一个事实，B 问别墅在哪儿，这是对事实的关注，"恭喜你"就是对 A 的情感关注。A 把事实告诉 B，是因为他渴望 B 与他共同分享他的喜悦和欢乐，而作为 B，应对这种情感加以肯定。

对于理财经理而言，就是运用倾听的技巧，通过你的面部表情、肢体语言，给予客户恰当的及时回应。例如理财经理对客户说："现在你就是这方面的专家，您真的是很内行。"这就是对客户的一种情感的关注。而在这种关注之前，理财经理在听到客户谈话时应该学会分辨哪些是情感的部分，哪些是事实的部分。

3. 提升倾听能力

理财经理如何才能提升倾听能力呢？其实，其中是有技巧可循的。具体如图 3－3 所示。

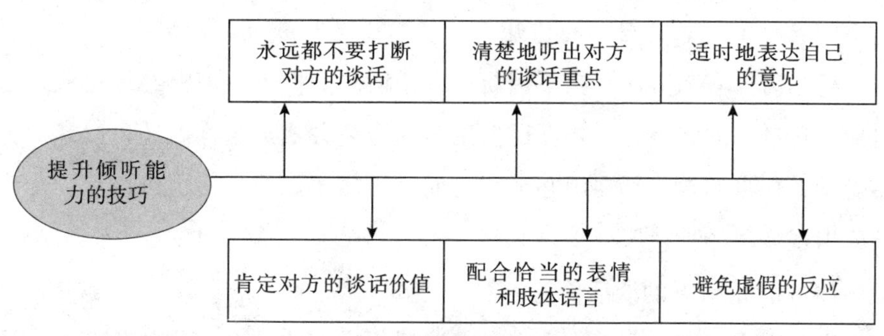

图 3－3　提升倾听能力的技巧

（1）永远都不要打断对方的谈话

事实上，在这个世界上，从来没有一个人说我喜欢或习惯性地打断别人的谈话，大多数时候，某些倾听能力很差的人，都并非无意间打断，而是故意打断对方的谈话。

理财经理如果是无意识地打断对方谈话是可以为人所接受的，但也应该尽量避免；如果是有意识地打断别人谈话却是绝对不被允许的，对于客户来说也是很不礼貌的一种行为。当你有意识地打断一个人说话后，你会发现，你就如同挑起了一场无名的战争，你的对手也会以同样不礼貌的方式来回应你，最后你们两个人的谈话就可能演变成吵架。因此，有意识地打断对方的谈话是绝对不能出现的。

（2）清楚地听出对方的谈话重点

当你与对方说话的时候，如果对方真正理解了你谈话中的内容，你一定会非常高兴。

能明确地听出对方的谈话重点，也是一种不可多得的能力。因为并非每个人都能清楚地表达自己的想法，尤其是在不满、受不良情绪影响的时候，常常会有类似于“语无伦次”的状况出现。除了排除外界的干扰，全神贯注地倾听以外，理财经理还需要排除对方的说话方式带给你的干扰，不要仅仅把注意力集中在说话人的咬舌、口吃、地方口音、语法错误或“嗯”“啊”等习惯用语之上。

（3）适时地表达自己的意见

谈话需要有来有往，在不打断对方谈话的前提下，理财经理也应该适时地表达自己的观点，这才算得上正确的谈话方式。这样做还可以让对方感受到，你自始至终都在用心地听，而且听懂了。另外，也可以避免你走神或出现疲惫的神色。

（4）肯定对方的谈话价值

在与人交流时，哪怕你肯定对方谈话内容中的一个小小的价值，讲话者的内心也是非常高兴的，同时会对肯定他的人产生更多的好感。因此，理财经理在与对方谈话时，一定要非常专注地去找对方的价值，并加以积极的肯定与赞美，这是最容易获得对方好感的一大途径。比如，对方说“我现在的确很忙”，你可以回答：“您作为公司的掌舵者，肯定要比普通人更加辛苦。”

（5）配合恰当的表情和肢体语言

当你和对方交谈的时候，是否关心对方的谈话内容直接反映在你的脸上，因此，你就等同于他的一面镜子。仅仅用嘴说话还很难形成气势，因此有必要配合恰当的表情，用嘴、手、眼、心等多个器官去说话。不过切忌过度地卖弄，比如，过于丰富的面部表情、手舞足蹈、拍大腿、拍桌子等。

（6）避免虚假的反应

理财经理在对方没有表达完自己的意见和观点之前，不要做出诸如“好，我知道了”“我明白了”“我清楚了”等反应。这样空洞的答复只会阻止你去认真倾听客户的讲话或阻止了客户进一步的解释。

在对方看来，这种反应等于在说“行了，别再啰唆了”。如果你恰好在他要表达关键意思前打断了他，被惹恼了的客户可能会大声反抗：“你知道什么？”那就很不愉快了。

当然，掌握倾听的艺术并非很难，只要克服心中的障碍，从细节做起，肯定能够成功。现列出一些提高倾听能力的技巧以便核对、参考：

①寻找有利的倾听环境，尽可能选择安静、平和的环境，让传递者处于身心放松的状态。

②在同一时间内既要讲话还要倾听，二者不可兼得，要马上停止讲话，注意听对方讲述。

③尽可能把讲话时间缩到最短。你讲话的时候，就不能聆听别人说话。

④尽量摆出对谈话内容很有兴趣的样子。这是让对方确信你在认真聆听的最好方式，可以发问与要求阐明他正在讨论的一些论点。

⑤仔细观察对方。端详对方的脸、嘴以及眼睛，特别要注视眼睛，将注意力放在传递者的外表上。这能帮助你更专注地聆听，同时，能让传递者完全相信你在聆听。

⑥时刻留意中心问题，不要让你的思维迷乱或者跑偏。

⑦保持平和的心态，不要把其他的人或事牵扯进来。

⑧注意不要对谈话者产生偏见，倾听中只针对信息而并非针对传递信息的人。诚实面对、承认自己的偏见，并可以容忍对方的偏见。

⑨压住自己想要与对方发生争论的念头。注意你们仅仅是在交流信息，而不是进行辩论赛，争论对沟通没有益处，只会引起不必要的矛盾。学会控制自己，压抑自己争论的冲动，让心情尽量放松。

⑩维持充足的耐心，让对方把话讲完，不要试图打断他的谈话，哪怕只是内心有这样的念头，也会导致沟通的阴影。

⑪不要随便猜测。臆测总是会导致你远离你的真正目标，所以要尽可能避免对对方做出臆测。

⑫不要过早地下结论或判断。人往往喜欢马上下结论，当你心中对某事已经做出判断时，就不愿意再继续倾听他人的意见，沟通就只能被迫中止。保留自己内心对他人的判断，直到事情清楚、明白为止。

⑬学会随时做笔记。做笔记不但对聆听有所帮助，而且有集中话题与取悦对方的优点。

⑭不要以自我为中心，在沟通过程中，只有将注意力集中在对方身上，才能够保持正常倾听。

⑮鼓励交流双方相互为倾听者。用眼神、点头或摇头等肢体语言鼓励信息传递者传递信息与要求别人倾听你的发言。

4. 学会积极倾听

学会积极倾听是对客户最好的回应方式，不仅能鼓励对方继续说下去，而且能确保你理解对方所说的内容。要熟练地使用这种技巧，首先要明白，当别人与你说话时，发生了什么事。

学会积极倾听，这在你不确定对方想要表达什么意思时或者对方给予的是重要的或感情上的信息时特别有用。在你试探性地向对方做出回应的时候，你应该常常用“你”这个字开头，而且要在结尾加上“是吗”，那么对方便自然而然地会给出最直接的回答。如此一来，如果你的结论是正确的，你的问话就能得到证实；如果你的结论是错误的，对方的回应一般会直接解释清楚存在的误解。

总而言之，积极聆听的技巧有哪些呢？具体如表 3－2 所示。

表 3－2　积极聆听的技巧

技巧	具体内容
倾听回应	当你在听别人说话的时候，你一定要有一些回应的动作。比如说“好，我也是这样认为的”“不错”。在听的过程中适当地点头，这就是倾听的回应，是积极聆听的一种，也会给对方带来非常好的鼓励
提示问题	当你没有听清的时候，要及时去提问
重复内容	在听完了一段话的时候，你要简单地重复一下内容
归纳总结	在听的过程中，要善于将对方的话进行归纳总结，更好地理解对方的意图，寻找准确的信息
表达感受	在聆听的过程中要养成一种习惯，要及时回应对方，表达感受。这是一种非常重要的聆听技巧

通过提问引发客户需求

想通过扩大客户的痛苦或欲望来创造客户的需求，就要学会提问。理财经理对于客户理财需求的创造过程有以下几个步骤：第一，发现客户潜在需求，也就是客户的痛苦点；第二，扩大客户的这种痛苦并提升紧迫感；第三，让他了解今天的改变会使以后得到什么快乐；第四，提供解决方案。在这四个步骤当中，理财经理都需要以适当的方式，在适当的时间，提出适当的问题。发现需求时，你要提问；让他感受痛苦时，你要提问；扩大痛苦时，你还要提问；他感受到快乐时，你也要提问；甚至你提

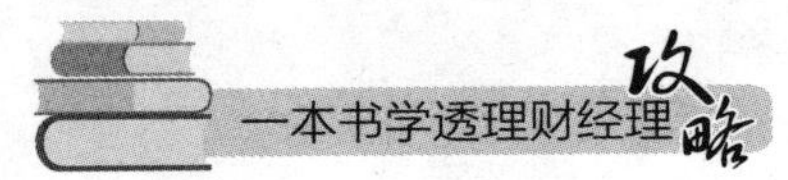

出理财解决方案的时候，仍要提问。所以，如何问，尤为重要。

提问分为四大类：信息型提问、痛苦点型提问、痛苦扩大型提问、痛苦解决型提问。在不同的销售步骤正确地提出这四种提问，能收到良好的效果。

1. 信息型提问

信息型提问是大多数销售的开始，首先锁定客户，建立与你沟通的意愿，然后通过一系列的信息型提问来了解客户的现况，这属于诊断。客户是病人，而你是医生，病人来了，你首先要诊断他现在是什么状况：头疼还是肚子疼？是失眠还是怎么回事？这就是状况。

以下是标准的信息型提问：

您从事什么工作？

您住得离我们公司近吗？

您之前有没有投资过基金？

您喜欢什么理财产品？

您账户里的这些钱最近用不用？

您觉得A股市场未来前景如何？

您购买过保险吗？

信息型提问的价值很低，因为客户从你的提问当中并没有得到有价值的信息，在这个阶段是客户为你服务，而不是你在为客户服务，你问他答，甚至他还不一定愿意答。所以信息型提问只是销售的一块敲门砖，你不要提太多的信息型问题，否则客户会很烦，容易失去耐心。信息型提问一般不应超过五个，超过五个客户就会不耐烦了。

信息型提问是为了了解客户的现状与相关信息。

理财经理：您好，请问您办理什么业务？

客户：我有五万元，一时半会儿用不到，我想先存起来。

理财经理：那您准备存几年呢？

客户：存五年吧。

理财经理提出了两个很明确的信息型提问，当客户回答了你提出的这些问题后，你也就知晓了客户此行的目的（定期存款），更帮助你找到了客户的实际需求与痛苦点（存款收益难以抵得过物价的上涨）。

2. 痛苦点型提问

信息型提问是解决困难的第一步，你不知道客户的困难是什么，你如何去解决？所以当你通过3~5个信息型提问，了解了客户状况之后，接下来就应该立刻进入痛苦点型提问，目的是发现客户的困难及需求。

比如问客户："先生，您在未来养老方面的困难还有哪些？"

建议不要讲"困难"两个字，因为客户不太喜欢在你面前表现出他有很多困难，好像他这个人很无能，什么事都干不好似的，不要用"困难"，宜用"挑战"。

可以这样问客户："先生，您在未来养老方面的挑战还有哪些？"

在使用痛苦点型提问的时候有几个原则可以帮助你把问题问好。

第一，金牌与饿狼的定律。建议你进行痛苦点型提问的时候采用双向提问，可以扩大你提问产生的价值。比如，你这么问："张先生，请问，您最关心的是本金安全还是投资收益？"本金的安全是饿狼，投资的收益就是金牌。

第二，群体跟随效应。通过这个原则可以提高客户的配合度。有时候问题问得不好，客户根本不愿意回答你，所以会给你造成障碍。运用群体跟随效应增加客户回答你的提问的配合度，因为如果客户知道别人也有这种问题或者状况，就会比较愿意配合。例如，陈先生是一位老师，我们可以这样说："陈老师，我们很多从事教育工作的客户都特别关心自己辛辛苦苦积累下来的财富会不会缩水，不知道您是否对此也很关心呢？”

第三，跟进式提问。要当个好的发问专家，你必须要懂得挖掘更深层的答案和信息，有一句话讲得非常好：“地图本身并不是实际的地域。”比如，北京市有北京市的地图，但北京市地图跟北京市一模一样吗？完全没有任何误差吗？那是不可能的。首先，大小就不知道差了很多倍。其次，你能在地图上找到北京的每一条小胡同、每一个地方，而且完全没有遗漏吗？这也很难，这代表什么意思？北京市地图仅代表一个人所传递的想法和答案，他自己内心里真正的思维和想法才是实际的北京市。几乎每一个人在与人进行语言沟通的时候，都不能百分之百地把自己的想法完整无缺、毫无遗漏地表达出来，这也是人在自我沟通及与他人沟通当中所碰到的最大的一个问题。所以当你提问以后，客户不一定会给你非常明确的答案，比如说保本，有人认为不亏本就算本金安全，还有人认为不仅本金要不亏，至少还要得到不低于同期活期存款利息的收益才算不亏本，所以你要更深入地去向客户提问。

理财经理：先生，您有没有发现我们存款的收益难以抵得过物价的上涨？

这个问题就是很典型的痛苦点问题，通过这个问题理财经理可以很容易地掌控客户的思维，把客户的注意力集中到存款的收益与物价上涨的比较上来。当客户关注到这个问题，我们就锁定了客户的注意力。

3. 痛苦扩大型提问

对现状感到满意的人极少数有购买欲望，而对现状怀有极大不满与痛苦的人，他的购买欲望才会更加强烈，因此痛苦扩大型的提问很重要。

痛苦扩大型提问可以让你的客户有这样清楚的意识：假如不解决他当前面临的问题，那么他将面临哪些影响与遭受哪些损失。要最大限度地扩大他的这些损失，不但要和他讲直接损失，还要为他分析间接损失。比如客户在账户中有大额闲置的活期存款，理财经理不仅要计算客户因为不投资理财已经损失的金钱数额，而且还要计算假如他依然不愿意投资理财，在未来会损失多少数额的钱……

你可以这样提问客户：

> 您有没有意识到，十年之间的房价涨了多少倍？
>
> 您有没有发现，五年前朋友小聚一下才花一百多元，如今则需要三五百？
>
> 如果您存款的购买力照此现象一直缩水下去，结果会变成什么样？

这些问题都是痛苦扩大型的提问，当客户听到这些问句的时候，就能更加真实地感受不理财的痛苦了，当然我们的最终目的也就达成了——只有客户感受到了不理财的痛苦，他才会想要通过投资理财产品来改变现状。

4. 痛苦解决型提问

痛苦解决型提问可以用来发掘客户财务方面的需求及困难；在扩大客户不理财的痛苦之后，可以用痛苦解决型提问把客户注意力移转到我们提供的理财解决方案上来，进而推动进入下一个环节——理财产品介绍。在提供客户理财解决方案之前，你应该要先提个问题，提起客户更大的兴趣，为你下一步的产品介绍解说做一个很好的铺垫。“陈先生，接下来我可以花 10 分钟时间跟您解说一下如何解决我们刚才所讨论到的每一个问题，您觉得好吗？”如果前面做得非常好，客户就会说：“好，你有什么解决方案？”这时候客户就会主动要求你进行产品介绍。

痛苦解决型提问是一个非常好的检测工具，如果客户对你说他没有时间，有时间再约你谈，或者说让你等他电话，那说明你的客户不想继续，那么一定是某些环节出了问题。因为一个真正知道有病，而且感觉到病痛的人，不应该不想去看医生赶紧解决他的病痛的。他跟你说不想看医生，肯定是你前面出了问题。

如果你前面几个步骤都正确，他会积极询问解决方案，问题是客户不愿意老是让别人告诉自己怎么做，不喜欢被人家说服，不喜欢太被动，那就让客户主动要求你进行产品介绍。这里有一个很好的选择——假设问句法。“陈先生，假设我有一种很好的理财方法，能够帮您解决目前您所面临的财务状况，您想不想了解?”“我们公司的员工早就不存定期存款了，因为定期存款的收益实在无法抵得过物价的上涨，我们有更好的理财方式，您知道我们是如何投资来实现我们财富的保值甚至增值的吗?”

通过信息型提问收集客户的信息，并找到客户的痛苦点；通过痛苦点型提问，把客户的注意力集中到我们提出的客户痛苦点上来；再通过痛苦扩大型提问让客户客观地认识到自己不投资、不理财将会面临的巨大损失与严重后果；最后通过痛苦解决型提问，激起客户对理财产品的兴趣与好奇心，并建立改变现状的强烈意愿。

痛苦解决型提问能把客户的注意力从需求移转到解决方案上，它的价值当然是最大的。我们依照顺序进行逐步提升，这个顺序不能乱，大多数购买行为都是感性的，都是感情化的，客户需要良好的感觉。人跟人之间的沟通最重要的是要感觉良好，要让客户感觉购买你的理财产品是一种明智的选择。信息型提问和痛苦点型提问属于理性范围，当你和客户进行沟通的时候，他是理性的，只有痛苦扩大型提问和痛苦解决型提问是属于感性范围的，它们会让客户在情绪上感受到痛苦，并感受到问题解决之后的快乐，以此促成他的购买。

说服客户三部曲

1. 讲概念

我们不要一味地向客户推销产品，教育客户并让客户接受我们的理财理念、掌握理财技巧、改变对理财产品的错误认识，也是我们工作的一部分。

2. 做实验

理财经理用白纸与计算器来营销胜过拿着一张理财产品的宣传彩页讲半天，因为客户只会认同他自己看到的客观事实。所以，理财经理在介绍理财产品的过程中，也要多讲一些发生在自己身边的实例，比如菜价、房价……因为人对事实无法反驳与抗拒。

3. 现身说法

去饭店吃饭，你认为哪道菜是最安全的呢？肯定是厨师吃的那道菜。客户会认为哪款理财产品是公司所销售的理财产品中最好的呢？那自然就是公司员工自己买的那款了。客户问你一款理财产品好不好，你一句话就可以给客户强大的信心——我也买了。前提是你真的买了，不要欺骗客户，否则你被拆穿后，损失会更大。

应对4类客户，促成经典话术

1. 犹豫型——缺乏做出决定的勇气

性格八分来自先天，两分来自后天。之所以说“一岁看小，三岁看老”，是因为性格决定格局，格局决定命运。唯物主义作为普世价值观在人们的思想中已经根深蒂固，导致中国式教育从小过多注重孩子的知识积累，忽视了性格养成，等到孩子长大后在社会中摸爬滚打了多年，才幡然醒悟，原来决定人生命运的关键是性格与思维，而非知识与技能。可以说，民众普遍缺乏客观的分析与理性的判断，更缺乏决断的魄力。这种性格在理财产品营销中不止一次出现，客户明明已经很认可产品了，也很希望能够拥有，但就是犹犹豫豫地难以做出购买的决定。营销人员在此时应该做些什么呢？

应对策略：假戏真唱——营造成交之后的景象

非专业的营销人员看着纠结的客户，自己也会抓耳挠腮，甚至硬性推动客户做决策："你就听我的吧，一准儿没错，这产品收益可好了！"而专业的营销人员此时正在采用"假戏真唱"的策略。

定投促成话术示例。

> 非专业营销人员："小孙，您就买了定投吧！"
>
> 专业营销人员："小孙，您是5日发工资吧，假设您开设了定投账户，您是希望8日转存，还是10日转存呢？8这个数字挺吉利的，我们就定在8日转存，您看好不好？"

金条促成话术示例。

> 非专业营销人员："王姐，这金条现在不多了，买的话可是要抓紧呀！"
>
> 专业营销人员："王姐，您衣服比较淡雅，您是不是比较喜欢淡一点儿的颜色呢？如果您买了这个金条，还有个精美的盒子为您包装起来，一种是红色，看起来大吉大利；另一种是黄色，显得雍容华贵。王姐，您看我用黄色的盒子给您装起来好不好？"

基金促成话术示例。

> 非专业营销人员："屈大哥，您要是买的话，我送您礼品好不好？"
>
> 专业营销人员："屈大哥，这周正好在搞活动，认购了这个产品后，一套礼品是紫砂茶具，一套礼品是床上用品。屈大哥，您是要茶具还是床上用品呢？"

2. 光鲜型——缺少达成交易的实力

无论承认与否，“嫌贫爱富”是目前整个社会的风气。这个习惯在某种程度上会出现“以貌取人”的状况，不少衣着光鲜的客户，却囊中羞涩，缺乏购买产品的实力，遇到这种情况的时候该如何处理？

应对策略：以退为进——顺势推出匹配的产品

这种高抛球手法被不少精明的商家利用，作为公司营销人员，岂能无动于衷？营销人员可以先向客户推荐高于其实力的产品，当得到客户的认可后，能成交固然更好，如果不能成交，则与客户确认其兴趣，进而降格推出更加适合的产品，可以有效提高成交率。做不了信托就买理财，买不了理财就买黄金，买不了黄金就买基金，买不了基金就买定投。只要是对金融感兴趣的客户，都不要轻易将其放走。

下面提供一些参考话术：

“您看既然您对黄金这么有兴趣，说明您还是有很强的投资意识的，这可真是太难得了。现在很多人还停留在把钱放在储蓄的阶段，未来的社会一定属于有远见卓识者，您今后会有更大的成就！”稍作停顿后，说：“只不过金条的价格确实不低，也许不太适合现在的你。但既然您有投资的兴趣，何不考虑一下比金条投资金额低，而且更加方便灵活的纸黄金呢？相比而言，这个产品更适合您！”

3. 精明型——没有进行纵向比较

有没有这样的人，买瓶酱油都会跑三个超市比较一下？也许这样的人不多，但买理财产品会比较三五个公司的一定大有人在，这就是精明型客户。遇到这样的客户该如何应对呢？总不能眼睁睁地看着客户跑到别的公司吧？

应对策略： 以理服人——提供理性分析的证据

应接不暇的工作、五花八门的产品往往会让理财经理忽略了对对手公司产品的了解。如果理财经理能够走到客户前面，提前把分析比较的工作做好，即使遇到不利的因素也没有关系，最终，仍然会占据有利的局势。毕竟理财产品所需要比较的不仅仅是收益，还需要比较起息、风险、标的、周期等因素。如果我们收益高就比收益，如果不高就比起息，如果起息相同就比风险，如果同是保本浮动收益就比周期，等等。建议理财经理每周制作一张其他公司同类产品的纵向对比表，甚至更用心的理财经理可以做一个公司产品的 SWOT 分析，分析本公司及产品的优势（Strength）、劣势（Weakness）、机会（Opportunity）和威胁（Threat）。想到客户前面，把精明型客户关心的内容摸个一清二楚，通过专业分析来留住客户。

下面提供一些参考话术：

"孙大哥，我知道您在投资方面经验比较丰富，您肯定希望了解一下其他公司同类产品的情况，我都帮您打听好了。隔壁的 A 公司，同样是 40 天，收益比我们低了 0.4 个百分点，您肯定看不上。B 公司这一期比我们有优势，高了 0.5 个百分点，只不过他们的存量客户没有我们多，募集期会比我们晚一些。多了不说，只要晚 7 天，您算一下日均收益，还不如我们高呢！往前再走两步有个 C 公司，收益也比我们高，不知道您有没有看过他们的协议呢？可是没有写保本呀！另外，您想过没有，小公司毕竟风险控制能力有限，到时候，您的本金赔得一分钱不剩，您都没办法追究他们的责任，毕竟没有写保本。孙大哥，我们的收益虽然不是最高的，但风险在可控制范围内，而且马上就要开始起息了，综合比较起来还是挺合适的。孙大哥，您看您是买 20 万元还是 30 万元呢？"

4. 贪婪型——渴望增加议价的筹码

明明我们很有优势，但是客户还是会讨价还价，该怎么办呢？“孙经理，对于你们的储蓄，我感觉一般，比不上其他公司！”专业的营销人员一听就心知肚明，继续问客户：“您感觉他们哪里比我们好呢？”“你看看人家的公司，10 万元存款就可以送体检卡，你们啥也不送！”这种情况肯定不是第一次遇到吧？即使有礼品也不一定很好处理，除非比对手的礼品更有吸引力。如果我们连礼品都没有，又该如何处理呢？

应对策略：从无到有——寻找打动客户的利益

非专业营销人员只能看到自己的短板，而专业营销人员则善于发现对手的短板。首先要摸清楚对手的状况，寻找他们的弱点，降低对手礼品的吸引力，稀释客户的期望值。同时，对于自己没有礼品的状况，营销人员该如何安抚客户呢？请思考：现在没有礼物不等于今后没有礼物，没有物质礼物不等于没有精神礼物，从价值层面考虑，反而无形的礼物价值会远远高于有形的礼物。

也许下面的参考话术能够给公司营销人员带来启发。

“俞姐，您说得没错，他们是可以送一张体检卡，您的消息真灵通！只不过您也知道，10 万元储蓄公司的收益也不够一张正规的体检卡呀！这样做公司岂不亏大了？所以他们这张体检卡是仁普药业与医院一起发行的，仁普药业补贴了一部分，所以公司才能以很低的价格拿到。那您说仁普药业会不会白白地出这个钱呢？肯定不会，他们希望您体检完之后能够买他们的药。到时候，您每天会收到无休止的推销电话，而且他们还会上门向您介绍他们的药品，您说这样烦不烦？

“您别看这次储蓄现在没有礼品，那是因为我们的礼品是很值钱的，价值八百多元！您说咱们这么努力地工作，还不是为了孩子？孩子的教育问题才是大问题！我行计划在6月1日做一个活动，把很有名的‘知心姐姐’请到咱们市，和大客户分享子女教育的最新研究成果。‘知心姐姐’可是国内知名的教育专家，我们请了三次她才挤出了‘六一’儿童节的时间。平时听她讲座收费可贵了，一个人就要八百多元呢！这次的讲座，只对普通客户收费，而对大客户是免费的，这不等于我送了您八百多元的礼物吗？而且平时哪儿有这机会呢？花钱都买不到！说定了，到时候我争取给您留一张门票；如果我争取不到，就自己出钱帮您买张门票，好不好？”

……

银行理财产品销售话术参考

1. 黄金销售：让金领无法拒绝的话术

表3－3　　黄金销售话术参考

适合人群	富裕的、资金充裕的金领
对应业务	大额存款；高活期账户余额；查询其理财产品收益
锁定客户	您这样存太亏了，您知道为什么吗
找到痛苦点并扩大痛苦	您有没有发现五年的时间物价翻了一番？比如您同朋友到饭店吃饭的费用、您买衣服的费用等，在五年内价格都差不多翻了一番吧？那就意味着您的财富在五年内缩水了50%，因为现在的100万元，也只相当于五年前的50万元了，您说是吧？那您的钱再这样放下去会变成什么样子呢
客户需求创造	我们银行的员工有钱也不放在账户上了，因为现在不论活期存款还是定期存款，收益都不是很高，还抵不过物价的上涨，我们有更好的理财方式来实现财富的保值增值，您知道我们银行的员工是如何投资和理财的吗

续　表

产品介绍	我们银行有一款黄金金条叫“传世之宝”，这款金条不仅在当前金价下跌的市场环境下有投资前景，而且还可以在一定程度上实现财富的保值增值，我们银行的员工自己都买了不少。这是彩页，您参考一下。您看，我们金条上的“传世之宝”四个字是由奥运福娃的设计者、中国美学大师韩美林先生亲自题写的，而且金条使用比较高端的锻压工艺生产，纯度达到了99.99%，有极高的投资与收藏价值。 销售技巧：利用金价的波动为客户寻找投资黄金的时机
抗拒解除	抗拒：如果买黄金我还不如买点首饰呢，那样还能佩戴。 话术：您的心情我理解，但是因为银行销售的黄金没有中间的代理商环节，所以每克比商场便宜几十元，如果您投资黄金就不得不考虑这个因素，您说是吧？ 抗拒：我投资你们“传世之宝”的过程中，如果我急需用钱怎么办？ 话术：这个您放心，我们银行所销售的“传世之宝”是可以进行回购的，在交易期间，您只要带好相关证书、证件及“传世之宝”，我们就可以为您办理回购业务，您很快就能把“传世之宝”变现了
成交技巧	现在我们的“传世之宝”金条有20克、50克、100克、200克、500克、1000克六个规格，您感觉500克的适合您，还是200克的适合您

2. 基金定投：让白领无法拒绝的话术

表3－4　　基金定投销售话术参考

适合人群	工薪阶层、收入稳定、有理财意识的企业白领
对应业务	零存整取、取工资
锁定客户	您这样存太亏了，您知道为什么吗
找到痛苦点并扩大痛苦	您有没有发现五年的时间物价翻了一番？比如您同朋友到饭店吃饭的费用、您买衣服的费用等，在五年内价格都差不多翻了一番吧？那就意味着您的财富在五年内缩水了50%，因为现在的100万元，也只相当于五年前的50万元了。您说是吧？那您的钱再这样放下去会变成什么样子呢

续　表

客户需求创造	我们银行的员工有钱早就不存零存整取了，因为零存整取这种传统的理财方式收益相对较低，我们有更好的理财方式，你知道我们银行的员工有钱不投资零存整取，去投资什么吗
产品介绍	基金定投就是您每月将闲钱定时定额自动投资，进行财富积累，类似于银行的零存整取。这样跟您解释，假设1个月投资300元，如果年化收益是9%，20年就可以积累差不多20万元。我们银行自己的员工，基本都进行了这项投资，为未来做准备。 销售技巧：①拿出一张自己的银行卡，打印出产品信息，让客户参考选择；②登录晨星、和讯基金、天天基金网基金评级及相关网站，协助客户选择基金；③用T型营销法来对比投资基金定投与不投资基金定投的区别
	a. 投资基金定投 • 养成良好的投资与理财的习惯 人的一生可以积累多少财富，一方面在于一个人创造财富的能力，另一方面在于客户投资与理财的良好习惯。如果把人比作容器，把财富比作水，良好习惯的养成可以加大客户承载财富的容量。 • 积累财富 如果客户投资了我们的基金定投，那么他每个月都会节省出一定的财富，这个习惯如果保留下来，那么对于客户而言，财富的积累只是一个时间问题。一个人的财富积累要么开源、要么节流，而一个人开源的能力大多是有限的，虽然每个人都在努力地创造财富，但节流较开源更重要。 • 复利效应/保值增值 基金定投有一个非常重要的特点——复利效应，假如A客户一个月投资500元，所投基金定投年化收益为8%，连投了30年，A客户投入本金为180000元，而他的定投收益是多少呢？不可思议的745190.66元，这就是复利效应的魅力。只有你的财富收益超过物价的上涨，你才能保护你的财富

续　表

<table>
<tr><td>产品介绍</td><td>b. 不投资基金定投
• 无法养成良好的投资习惯
中国北方流传着一句方言："吃不穷，喝不穷，算计不到就受穷。"太多人在年轻的时候没有养成投资与理财的良好习惯，导致人生中没有保留住自己辛辛苦苦所赚取的财富，最终贫穷地老去。
• 无法积累财富
现在社会上对于白领有这样一种戏说：领了这个月的工资就要还上个月的信用卡透支，领了也白领，简称"白领"。笔者曾经在课堂上问一位客户经理一个月的消费，她说3500元左右。我问她："一个月让你消费3000元和消费3500元的区别大吗？"她自己都说区别不大，这位客户经理每月可以省出500元用于投资，因为她一个月有这500元支出和没有这500元支出，其生活品质差不了太多，但其财富积累差别可就大了。
• 财富贬值缩水
当前通货膨胀、物价上涨、货币贬值愈演愈烈，很多人都发现自己拥有财富，却不能有效地保护财富，我们的日常消费品在不断涨价，而传统的理财手段不仅不能实现我们财富的增值，甚至连保值都变成了一种奢望，同样是20万元，现在的购买力较十年前发生了什么样的变化呢</td></tr>
<tr><td>抗拒解除</td><td>抗拒：我不懂！
话术：您不懂没关系，基金定投的特点不仅是回报稳定、小积累、大产出，而且一次办理后，每月会自动划拨，您只需要定期查询一下它的收益就可以了。
抗拒：会不会赔钱？
话术：涨了您有收益，跌了您买的份数就多了。（举例说明）
抗拒：基金定投是投资几年的？
话术：基金定投有一个很大的优点就是没有时间限制，从历史收益角度来讲，投资的时间越长，您的收益就会越可观，当然，在任何时间，如果您觉得您的基金定投收益达到预期了，您都可以赎回来</td></tr>
<tr><td>成交技巧</td><td>假如以您现在的经济状况，您觉得一个月投资基金定投多少钱比较适合呢？
好的，我立刻为您办理</td></tr>
</table>

3. 锁定企业业主的基金参考话术

表 3－5　　针对企业业主的基金销售话术参考

适合人群	有一定经济基础、对国内及国际经济形势看好、有一定投资理财技巧、希望获得高收益的企业业主
对应业务	定期存款；到期转存；高活期账户余额；理财产品收益查询
锁定客户	您这样存实在太亏了，您知道为什么吗
找到痛苦点并扩大痛苦	您有没有发现五年的时间物价翻了一番？比如您同朋友到饭店吃饭的费用、您买衣服的费用等，在五年内价格都差不多翻了一番吧？那就意味着您的财富在五年内缩水了50%，因为现在的100万元，也只相当于五年前的50万元了。您说是吧？那您的钱再这样放下去会变成什么样子呢
客户需求创造	现在就连我们银行的员工有钱都不存定期存款了，因为定期存款的收益实在太低了，钱存得越久买到的东西越少，也就是您常听到的负收益，我们有更好的理财方式来取代定期存款，您知道我们银行的员工都投资什么理财产品吗
产品介绍	最近很多客户都购买了东方增长中小盘混合型基金，它可以根据市场行情在股票与债券之间灵活配置。这样就兼顾了股票的高收益与债券的高稳定性，所以这个基金非常不错。这家公司旗下的其他三款基金，今年业绩排名在同类型产品中都在前10名
抗拒解除	抗拒：这个有风险吗？ 话术：这款基金最大的特点就是行情好的时候用您的钱投资股票，行情不好的时候拿您的钱投资债券，这样就最大限度地降低了您的风险，提高了您的收益。 抗拒：要投多长时间？ 话术：基金投资买卖很灵活，这款新基金购买后会封闭3个月，3个月过后您感觉收益可以了，随时可以卖。 抗拒：我买过基金，现在还亏着呢。 话术：您的心情我理解，您当时买的点位肯定比较高，所以您就赔钱了，现在点位降下来了，机会也就来了，您说是吧？ 抗拒：考虑考虑再说！ 话术：您的心情我理解，理财产品是早一天投资早一天受益，如果因为您考虑的时间太长，错过了赚钱的机会，也挺可惜的，您说是吧？

续　表

成交技巧	您感觉基金怎么样？ 是买 1 万元还是 2 万元？ 直接递单子

4. 人民币理财产品话术

表 3－6　　人民币理财产品销售话术参考

适合人群	有一定经济实力、对资金使用比较频繁的客户
对应业务	大额活期存款
锁定客户	您这样存实在太亏了，您知道为什么吗
找到痛苦点并扩大痛苦	您看现在物价上涨的速度这么快，钱存得越久，能买来的东西越少。如果活期存款的收益是 0.35%，那就意味着您这 100 万元存一年活期只能得到 3500 元的利息，您觉得划算吗
客户需求创造	我们银行的员工现在有钱都不存活期了，因为存活期收益太低，实在划不来，我们有更好的理财方式，您知道我们银行的员工有钱不存活期，是如何投资理财的吗
产品介绍	假设：活期存款年收益率为 0.35%；A 型人民币理财产品的年化收益率为 2.35%。用计算器显示给客户投资人民币理财产品与投资活期存款年化收益的差别。 a. A 型人民币理财产品年化收益＝1000000 元×2.35%＝23500 元 （1000000 元要先乘以 A 型人民币理财产品的年化收益率，因为这样一来客户在潜意识里就觉得他的 1000000 元投资一年就应该得到这么多钱，这时客户大脑的思考原理是：我的 1000000 元乘以你的 A 型人民币理财产品的收益，就等于我的一年收益。） b. 活期存款年收益＝1000000 元×0.35%＝3500 元 （在估算人民理财产品的收益时，要把理财产品的大收益率放在第一步，把小收益的活期收益率放在后面，这样会让客户在心中产生落差的感觉。） 3500 元－23500 元＝－20000 元 （客户投资活期存款的收益减去客户投资人民币理财的收益，得出一个负数结果，这样展示最有力量——客户一年的时间损失了这么多钱，反之则会给客户他可以赚这么多钱的感觉。这样算还有一个好处，结果的单位为元，而不能是万元，在计算器上显示的－20000 比－2 的影响力大很多。）

续 表

抗拒解除	抗拒：投资期间突然需要用钱怎么办？ 话术：这个很简单，我们这款A型人民币理财产品在工作日下午三点前可以随意支取，利于您的资金使用 抗拒：有没有风险？ 话术：我们这款理财产品已经发行了×年×期，从未出现过未达收益的情况，并且这款理财产品主要投资×领域，风险肯定会比较小，您说是吧？（侧重介绍所售理财产品的投资方向，增强客户信心。）
成交技巧	您觉得购买5万元比较适合您，还是10万元比较适合您？ 您觉得以您现在的情况，购买多少钱的比较合适呢？ 好的，我立刻为您办理

信托产品销售话术推荐

×先生/女士您好，这里是××信托公司，我是这里的理财经理，我姓×，我们公司主要为客户提高资产保值增值的固定收益理财服务，像最近一期产品年化收益率为×%，您之前接触过信托产品吗？

情景1：和××信托有过接触，购买过他们的××产品

理财经理：哦，那您对信托应该是很了解了，您上次做的产品是几年期的，收益率是多少呢？

（1）客户：×年期的，收益率×%（收益率和期限对方有优势）

理财经理：那您投资眼光挺不错的，其实我们信托产品在市场上也挺有竞争力的，并且产品在数量上和投资方向上也比较丰富，每个月大概有2~3款产品供客户选择，您看这样好不好，跟您约个时间，您到公司来做一个详细的了解，您看明天上午或者下午哪个时间段方便？

①客户：好的。明天上午/下午×点，你们公司在哪儿啊？

理财经理：我们公司地址是×××，稍后我会把公司地址和我的联系

方式发送到您的手机上，请您做一个保存，谢谢！

②客户：明天不行，星期二你再给我打电话吧！

理财经理：好的，星期二我再联系您，稍后我会把公司地址和我的联系方式发送到您的手机上，请您做一个保存，谢谢，祝您工作顺利！

③客户：明天不行，我有时间再联系你吧！

理财经理：没问题，稍后我会把公司地址和我的联系方式发送到您的手机上，请您做一个保存，您预计在这周几会比较方便，我对自己的时间也提前做一个安排。

a. 客户：星期一吧！

理财经理：嗯，我记下了，那我们到时候再联系，谢谢您接听我的电话，祝您工作顺利！

b. 客户：现在不好说，等我有时间再说吧！

理财经理：没问题，稍后我会把公司地址和我的联系方式发送到您的手机上，请您做一个保存，谢谢您接听我的电话，祝您工作顺利！（过一周再打）

（2）客户：×年期的，收益率×%（收益率和期限对方无优势）

理财经理：那也挺不错的，不过我们的信托产品在市场上似乎更有竞争力一些，比如我们最近有一个×年期、收益率为×%的产品（详细说明每一档的起步金额和收益率），您看这样好不好，跟您约个时间，您到公司来做一个详细的了解，您看明天上午或者下午哪个时间段方便？

①客户：好的。明天上午3点，你们公司在哪儿啊？

理财经理：我们公司地址是×××，稍后我会把公司地址和我的联系方式发送到您的手机上，请您做一个保存，谢谢！

②客户：明天不行，星期一你再给我打电话吧！

理财经理：好的，星期一我再联系您，稍后我会把公司地址和我的联系方式发送到您的手机上，请您做一个保存，谢谢，祝您工作顺利！

③客户：明天不行，我有时间再联系你吧！

理财经理：没问题，稍后我会把公司地址和我的联系方式发送到您的手机上，请您做一个保存，您预计在这周几会比较方便，我对自己的时间也提前做一个安排。

a. 客户：星期二吧！

理财经理：嗯，我记下了，那我们到时候再联系，谢谢您接听我的电话，祝您工作顺利！

b. 客户：现在不好说，等我有时间再说吧！

理财经理：没问题，稍后我会把公司地址和我的联系方式发送到您的手机上，请您做一个保存，谢谢您接听我的电话，祝您工作顺利！（过一周再打，两次约见不成，可以直接问原因，是因为资金的问题，还是不感兴趣，等等）

情景2：和××信托有过接触，但是没有购买过任何产品

理财经理：哦，那是哪个方面您不太满意，所以没有购买××公司的信托产品呢？

（1）客户：对信托不了解，以前也没有做过信托产品

理财经理：哦，是这样的，那您可能确实需要对信托做一个详细的了解，才能做出相应的选择，毕竟这是一项比较大的投资，信托产品最近的起步金额也在100万元人民币以上，您看这样好不好，跟您约个时间，您到公司来坐一坐，您看明天上午或者下午哪个时间段方便？

①客户：好的。明天上午/下午×点，你们公司在哪儿啊？

理财经理：我们公司地址是×××，稍后我会把公司地址和我的联系方式发送到您的手机上，请您做一个保存，谢谢！

②客户：明天不行，星期×你再给我打电话吧！

理财经理：好的，星期×我再联系您，稍后我会把公司地址和我的联系方式发送到您的手机上，请您做一个保存，谢谢，祝您工作顺利！

③客户：明天不行，我有时间再联系你吧！

理财经理：没问题，稍后我会把公司地址和我的联系方式发送到您的手机上，请您做一个保存，您预计在这周几会比较方便，我对自己的时间也提前做一个安排。

a. 客户：星期一吧！

理财经理：嗯，我记下了，那我们到时候再联系，谢谢您接听我的电话，祝您工作顺利！

b. 客户：现在不好说，等我有时间再说吧！

理财经理：没问题，稍后我会把公司地址和我的联系方式发送到您的手机上，请您做一个保存，谢谢您接听我的电话，祝您工作顺利！（过一周再打，两次约见不成，可以直接问原因，是因为金额的问题，还是不感兴趣，等等）

（2）客户：我现在资金不方便，暂时做不了

理财经理：哦，是这样啊，那您现在把资金都投到什么方面了呢？

客户：股票/基金/银行理财/债券/期货/信托/定期存款……

理财经理：自行发挥（关键是要问出具体的投资内容，比如投的哪只基金，什么价位买的，准备什么价位出手，止盈止损点分别是百分之多少。如果是银行理财要问清楚产品结构，比如保不保本，保不保收益，保的话保多少，挂钩的什么标的，什么时候做，期限多长，什么时候到期，投了多少钱，等等）。好的，您的情况我大概清楚了，虽然您现在不能马上成为我们公司的贵宾客户，但是我也会帮您关注您投资产品的市场信息，及时与您沟通，希望在投资领域能够给您提供优质的服务，同时我会定期把××信托的产品信息发给您，您可以先做一个了解，稍后我会把公司地址和我的联系方式发送到您的手机上，请您做一个保存，您方便的时候也可以到公司来坐坐，谢谢，祝您工作顺利！（随后出产品就给他发，不太忙的时候打电话约见或者拜访）

情景3：客户没有接触过，不了解

理财经理：嗯，是这样的，信托几年前对大部分客户来说的话都是一个比较陌生的事物，因为之前的信托只和银行合作，不会直接与终端客户接触，但实际上信托是五大金融产业支柱之一，和银行一样受国家银监会的监管。我们公司是××年成立的，迄今为止发行过1000多款产品，到期的已经有800多款，到期产品全部按照产品合同中与客户约定的收益率进行了兑付，目前到期兑付率依然保持在100%，就是在2008年金融危机最严重的时候，我们依然全额兑付了所有到期产品，赢得很高的市场美誉度，目前公司管理资产接近2000亿元，在全国68家信托公司中排名第××位，我想这样一家专业的信托公司，应该是您资产保值增值的最佳选择。如果您希望对我公司有一个更进一步的了解，建议您亲自到公司来看一看，您看明天上午或者下午哪个时间段方便？

①客户：好的。明天上午/下午×点，你们公司在哪儿啊？

理财经理：我们公司地址是×××，稍后我会把公司地址和我的联系方式发送到您的手机上，请您做一个保存，谢谢！

②客户：明天不行，星期一你再给我打电话吧！

理财经理：好的，星期一我再联系您，稍后我会把公司地址和我的联系方式发送到您的手机上，请您做一个保存，谢谢，祝您工作顺利！

③客户：明天不行，我有时间再联系你吧！

理财经理：没问题，稍后我会把公司地址和我的联系方式发送到您的手机上，请您做一个保存，您预计在这周几会比较方便，我对自己的时间也提前做一个安排。

a. 客户：星期一吧！

理财经理：嗯，我记下了，那我们到时候再联系，谢谢您接听我的电话，祝您工作顺利！

b. 客户：现在不好说，等我有时间再说吧！

理财经理：没问题，稍后我会把公司地址和我的联系方式发送到您的手机上，请您做一个保存，谢谢您接听我的电话，祝您工作顺利！（过一周再打，两次约见不成，可以直接问原因，是因为金额的问题，还是不感兴趣，等等）

实用工具

寻找潜在客户能力的调查问卷

1. 是否经常走出去和更多的人群接触并散发名片？

A. 是　　B. 否

2. 是否参加与产品有关的行业展会或其他专门会议？

A. 是　　B. 否

3. 通常搜索资料的渠道多过 3 种？

A. 是　　B. 否

4. 是否通过一些专业的咨询机构了解客户信息？

A. 是　　B. 否

5. 是否拥有自己的行业领路人？

A. 是　　B. 否

6. 是否善于和不同的对象互换客户信息？

A. 是　　B. 否

7. 是否加入某些俱乐部或者特定的社团组织？

A. 是　　B. 否

8. 你的亲友、熟人和老客户是否会不定时地为你介绍客户？

A. 是　　B. 否

9. 你是否在招聘会上收集过客户信息？

A. 是　　B. 否

10. 你是否通过互联网收集过信息?

A. 是　　　　　　　　B. 否

评分方法:

如果对上述问题都回答“是”，那么说明你具备了一定的寻找潜在客户的能力；如果对某些或所有的问题都回答“否”，那么就应该注意培养这方面的能力了。

第四章
电话沟通的技巧——攻心与攻脑

和当面沟通相比，电话沟通虽然在信息获取量上稍有欠缺，但好处是方便、快捷。尤其是在生活节奏越来越快的今天，当面沟通需要承担相对较大的交通、时间、金钱等方面的成本，而且要面对客户临时有事等不可预测的风险。而电话沟通则没有上述不便。因此，可以说电话沟通是当代销售最常用的方式。

电话沟通前要做的准备

电话沟通的弊端也不可忽视。由于双方不能见面，一切信息都要靠电话（语言）来传达，需要理财经理有很强的分析判断能力和控场能力。另外，由于电话销售的泛滥，使得不少人对电话销售有一定的抵触心理。这也是理财经理在进行电话沟通时必须要认真对待的现状。

由于电话沟通为非面对面接触营销，在实施该种方式的接触营销时，应特别注意用语，切忌让客户感到自身隐私受到干扰。

理财经理："您好，请问是××先生吗？"

客户："是的，请问您是……"

理财经理："我是××公司的理财经理×××。致电给您是想告诉您一个好消息：咱们现在有一款新基金上市了，叫作××××，目前正在做促销。如果您此时购买，不仅可以免手续费，还可以根据您购买的额度打折呢。"

客户："哦，谢谢了，不过我暂时没有购买新基金的打算。"

理财经理："您在我们公司存有××元，除了两只股票没有做其他投资，收入稳定，家庭又没有贷款，为什么不购买理财产品，好让钱生钱呢？"

客户（心想）："这谁啊？居然对我的资金底细了解这么清楚，这家公司太不安全了，不如把钱转走……"

从上述案例中可以看出，理财经理对该客户下了不少攻夫，本来想用对客户的了解来拉近跟客户的距离，但是该理财经理忘了，客户的资料涉及隐私。这种情况在电话沟通中很容易出现。有时候，理财经理为了拉近和客户的心理距离，会表明对客户情况的了解。但需要注意的是，资金是个敏感的话题，没有人愿意别人清楚地知道自己的投资情况。当理财经理为了拉近跟客户的距离而表现出自己对他的情况很清楚的时候，反而会弄巧成拙，让客户产生不信任感。

电话沟通的关键点，在于在最短的时间内消除客户的敌意并引起他的兴趣。所以，电话沟通的开场白非常重要。

理财经理："您好，我是××公司的理财经理×××，您可能不记得我了，不过您今年五月在我们公司购买过一款名为×××的理财产品，当时是我为您服务的，您还记得吗?"

客户："哦，记得记得。"

理财经理："是这样的，因为最近有客户反映我们理财产品单一，所以我们想对广大用户做个简单的调查，耽误您三分钟左右的时间，您看方便吗?"

客户："好的。"

在上述案例中，理财经理先用客户熟悉的事情——买基金，拉近与客户的距离，再用一个调查，让客户放松警惕，从而达到继续沟通的目的。

理财经理在打电话前，要做到三大准备：物品准备、心态准备、细节准备。

1. 物品准备

电话：一两部电话是电话业务的基本组成部分。在资讯行销的今天，掌握资讯、传递资讯、处理资讯是个人成功与否的关键因素，任何回馈资讯的处理都归结到电话及其服务人员。

电话销售话术稿：包括公司介绍、自我介绍、产品相关信息及其他有关重点需要强调的信息。当然这些主要是新上岗的理财经理才需要准备的，以防电话中紧张而遗漏掉一些要和客户沟通的信息。一般比较资深的理财经理已经完全不需要准备话术稿，因为所有标准话术都存在于脑中和心中。

铅笔和便笺纸：铅笔和便笺纸用来做日常的电话记录，它不但可以让你的记忆力增强，而且可以为客户提供及时、快捷的服务。不用的时候可以擦去，或者做常规更新。

计算器：在数据方面能让顾客感觉到你工作的高效性，也能提高你对数据的计算速度和正确性，并能有效地节省时间。

涂改液和橡皮擦：让我们快速地更新顾客的信息。

喜欢的音乐：音乐可以让你产生灵感和活力，电话销售需要业务人员的耐心和热心，悠扬、热情的音乐可以帮助大家迅速达到巅峰状态，并产生良好的工作效果。休息的时候，舒缓的音乐也能让你得到更好的休息和高质量的放松。注意声音不能过大。

时钟：量化工作的效率，有利于自我监督，也可以让我们做好时间管理。

镜子：不是用来化妆的。它有助于使我们一直保持良好的仪表，即使对方看不见，我们也要时刻照镜子，保持微笑的状态。

备忘录：提醒我们及时处理顾客的要求，帮助我们和顾客建立良好的关系，有利于提高电话销售成功率。

2. 心态准备

打电话既是一种心理游戏，又是一种体力劳动。与日常生活中的体力劳动不同的是，它更多地加入了行销人员的态度和心理的应变能力。因此，在你打电话的过程中，你的心态对你行销的结果起着至关重要的作用。电话沟通前的心态准备主要包括 3 个方面，具体如下图所示。

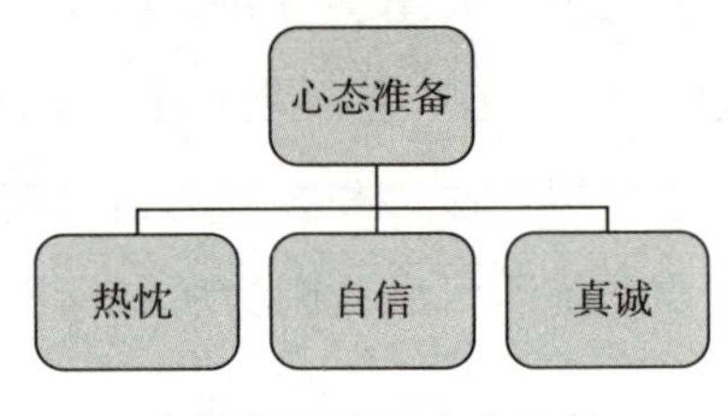

电话沟通前的心态准备

3. 细节准备

细节有时候非常重要，所以有人说“细节决定成败”。而有些人却常常忽视细节，甚至因为细节问题导致了失败，却还不知道为什么。作为一名电话理财经理，在打电话之前一定要提醒自己注意细节。

提高电话营销的声音感染力

西方沟通学家将声音形容为“沟通中最强有力的乐器”，然而大多数人却弄不明白自己的声音究竟是“乐器”还是噪声。这是因为每个人听到的自己的声音都是通过自己的颅骨传递出来的，而别人听到的你的声音是通过空气传播的，介质不一样，感受自然也就不同了。

要想揭开自己声音的本来面目，你可以录下自己的声音来听一听，之后根据自己声音的实际情况多加训练，只有这样，你的声音才能达到更好的沟通效果。

如果想让声音变得更有魅力，理财经理在电话销售时应该如何进行声音的训练呢?

1. 用热情传达感染力

在跟客户交流时，说话一定要充满热情，这是理财经理在工作中必须要做到的。热情是可以传染的，虽然客户看不见电话理财经理的表情，但是客户却可以通过声音感受得到。理财经理在打电话时，如果一直紧绷着一张脸，不苟言笑，说的话也是冷冰冰的，没有多少热情可言，试想一下，客户还会有耐心和你继续聊下去吗？因此，很多时候，理财经理应该努力让自己高兴起来，让自己的面部表情变得丰富，时刻保持微笑，只有心境快乐了，才能影响客户、感染客户，从而激起客户对理财产品的热情。

2. 说话时变化语调

说话的语调能反映出一个人的内心世界，更能表露出一个人的情感和态度。在进行电话销售的过程中，无论跟客户谈论什么样的话题，都要尽力让自己说话的语调与所谈及的内容相互配合。要善于变化语调，这样客户才会感受到你的诚意。同时，适时地变换语调，也能给客户带来新鲜的不一样的感觉，更能吸引客户的注意力，但注意不要过于夸张，否则会让人感觉很轻浮、不够职业。

3. 控制说话的语度

对于理财经理来说，说话的速度是很有讲究的。具体来讲，就是要平稳淡定，既不能太快也不能太慢。话说得太快，会让客户感觉无法跟上，还会给客户造成一种紧张感、焦虑感；而说得太慢又会让客户感觉你反应迟钝、过于胆小谨慎，会给客户造成一种拖沓的感觉。

4. 调节说话的音量

在电话销售过程中，中等音量是比较理想的，声音太高或太低都不好，最适当的音量就是能跟客户的音量差不多。要能根据客户的不同需求来调节自己说话的音量。假如你说话的声音非常高，而客户说话的声音非常低，就得学会把自己的声量降低一点，这样就不会给客户造成一种比较强势的感觉了。

魅力声音的6大关键因素

到底什么样的声音是客户期望听到的？到底什么样的声音会更加富有感染力？到底什么样的声音会使自己听起来更像一位电话美人或者电话绅士？这里总结了魅力声音的6大关键因素。

1. 随时保持微笑

可能有的人会说，反正是通过电话与客户沟通，客户又看不见我们的笑容，保持微笑又有什么意义呢？这完全是错误的，虽然客户的眼睛看不见你挂在嘴角的微笑，但是他的耳朵却可以“听见”你的微笑。

微笑是可以通过电话线进行传递的，大家一定要记住这一点。

在我们的脸上有许多条不同的肌肉，当你张开嘴巴微笑的时候，这些肌肉就活动开来，从而影响到你的鼻腔、口腔、咽喉腔的出气方式，进而影响到声带的震动，最后影响到你的发音，使得声音的磁性大大增加，客户听着也会感觉很舒服，你被拒绝的可能性也会大大降低。

更为重要的是，因为微笑是和开心、快乐的情绪联系在一起的，所以当你张开嘴巴、露出牙齿微笑时，在潜意识里会暗示自己是快乐的，进而调整自己的情绪朝积极、健康的方向发展。而当一位电话理财经理以积极的心情和客户沟通时，就可以在不知不觉中感染到客户的情绪。

2. 谨防不良的姿态

发声的效果主要来源于鼻腔、口腔、咽喉腔、胸腔和腹腔的振动与共鸣，而不同的身体姿态对于这些腔体的发声有着重大的影响。

当你坐着打电话的时候，记得抬头挺胸，这会让你气息顺畅、讲起话来中气很足、穿透力加强，而且长时间打电话也不会觉得腰酸背痛；如果你站着打电话，不如来回走动，同时记得要身心合一，你的肢体语言和动作与你想要表达的文字意思要保持一致，比如在你兴奋时可以挥挥拳头。

根据调查研究的数据表明，在面对面的沟通过程中，你的声音与措辞所占感染力的比例只有45%，身体语言所占感染力的比例则高达55%。在电话销售沟通过程中，由于双方彼此看不见，身体语言的感染力不如面对面沟通那么明显，但也是不可忽视的。

同时还要注意，在接打电话时，要协调好身体与话筒之间的配合，适当调节话筒的音量，使对方的声音能够清晰入耳。接听时尽量让听筒紧贴自己的耳朵，这样传出来的声音受到外界干扰的可能性会小一些。另外，话筒与自己嘴巴的距离应保持在一个拳头左右的距离。如果话筒离嘴巴太近，在换气的时候，气流就会冲击话筒使对方听到“噗噗”的杂音；如果话筒离嘴巴太远，则会使对方听起来你的声音音量很小，也会使自己的声音失去原本的活力与穿透力。

3. 吐词清晰

在电话沟通过程中，客户最怕的就是当你讲完之后他还没有听清楚你都讲了些什么，这会让客户感觉到和你沟通很吃力。再说，如果客户连你说什么都没有听明白，又哪里能够谈得上其他方面呢?

不过一个人的吐词是否清晰是他多年来形成的习惯（如有的人鼻音很重或者地方口音很浓，客户很难听清楚他讲的话），所以很难马上得到纠正。如果电话理财经理在这方面有问题，又希望长久做这份工作，那么就一定要下苦功，坚持讲好普通话。对于这一点，没有什么捷径可走。

最为可怕的是，尽管有些人说话时有吐词不够清晰的毛病，自己却没有意识到。因此，不妨现在就问问你身边的同事，征询他们对于自己声音的看法，到底有没有吐词不够清楚的毛病。“当局者迷，旁观者清”，其他人客观地指出你声音中的缺点，就是最准确的意见。

4. 保持百分之百的自信

客户之所以购买产品，是因为他相信你所销售的理财产品可以有很好的收益。如果客户在你的声音中感觉不到这一点，他就会产生犹豫不决的心理：既然你都不相信自己所销售的产品，那么我为什么还要相信呢？

5. 拿捏语气的轻重

声音的美感很大程度上来自声音的轻重，该轻的地方要犹如情人的窃窃私语，轻描淡写；该重的地方则犹如壮士登场，力拔山兮，让人听起来高低分明。

试想一下，如果有个人在和你讲话的时候，始终保持着一个腔调，没有任何起伏，那是一件多么乏味的事情啊！

那种在电话中一成不变的声音，就像催眠曲一样让人昏昏欲睡，哪里还会让人产生了解产品的兴致？

语气的轻重就是一种拿捏之间的标准，掌握分寸，恰到好处，该轻则轻，该重则重，并且能够收放自如。

比如，当客户说“现在团队的士气低落”“上次组织的那场培训效果不是很好，大家都有意见”的时候，电话理财经理此时回复的声音就要放得轻一些，以表示对客户的理解和同情；当客户讲到“这个月部门业绩提升了30%”的时候，电话理财经理回复的时候则应提高音量，以表达你的兴奋之情。

另外，在讲电话的时候，声音的轻重可以选择由轻到重的顺序。比如，当问候客户“早上好，王经理”的时候，前面的“早上好”三个字要稍微轻一点，后面的“王经理”三个字则要重一些，这样客户就会感觉你的热情度在上升。

有时为了突出某个重点，电话理财经理也可以有意地将某个词汇加重。比如“您对于价格和质量的问题，到底哪个更关注一些”，你的声音重心是放在“价格”上还是放在“质量”上，都会产生影响客户的力量。

6. 保持语言的连贯

语言的连贯具体是指说话的连贯程度，这里包括两层意思：一是说话流利，不要讲到一半的时候“嗯……这怎么说呢……我也不是很清楚……”，客户听到这样的声音，心里就会想这个电话理财经理连话都讲不清楚，结结巴巴的，怎么还能做销售？从根本上怀疑你的能力。二是电话理财经理的通话前后要保持一定的逻辑顺序，方便客户理解你的思路。千万不要前言不搭后语，明明刚才和客户讨论的是关于品质的话题，客户都还没有了解清楚，忽然话题一转又谈到售后服务的问题，这会让客户感觉晕头转向，这时离结束电话也就不远了。

理财经理接听、拨打电话的礼仪技巧

理财经理进行销售的最初环节是接听、拨打电话。那么，如何在电话沟通中给对方留下好印象呢？这首先需要有好的接打电话礼仪。接打电话的礼仪有哪些呢？

1. 电话铃响两声后再接

生活中，有人认为及时接听电话是一种美德，电话刚响起，立即就拿起了电话；有人即便手边没事也仍要等电话响五六声才接。那么，这两种习惯哪一种可取呢？很多时候，没有人愿意浪费时间去等待，但是，如果接听太快，会让客户有些措手不及，这是因为人都有一个心理适应期。因此，要避免电话铃响了五六声后还无人接听，也要避免一听到铃响就马上接起电话，最好在电话铃响两声后再接。

2. 拿起电话时要说“您好”

电话铃响过两声后，接起电话时要说“您好”，向对方表示问候。问候的作用在于给双方一个调整时间，这样更容易让双方从容不迫地进入话题。因此，“您好”不仅仅是一种礼貌，也能给对方一定的心理适应时间。

客户听到亲切的问候声，会在心平气和的状态下谈话，并对你产生很好的印象。除此之外，在电话铃响起时，如果你正在与同事聊天，应立刻终止谈话，做一个深呼吸，调适好心情后再接听电话，这样你才能够专注于电话中所谈的内容。

3. 用电波传递你的微笑

虽然所说的内容至关重要，但是说话的态度及语气更为重要。冷漠、敌对和过于含蓄的语气都会引起客户的不快。微笑着谈话能有效地将友好通过听筒传递给客户，从而在客户心目中留下良好的印象。此外，微笑还能很好地调适自己的心情，增强自信。

如果你想获得客户的好感，首先要真诚。如果你能微笑着接打电话，会传递给客户一种温馨的感觉，这种温馨的感觉还能感染、融洽双方的交谈。

4. 请给对方更多的选择

客户在忙得焦头烂额时被一个电话打扰，很容易恼火。要知道在忙乱中被陌生人打扰是很扫兴的一件事。这时使用征询对方的意见的方法，向客户询问“您现在说话方便吗”或“能给我几分钟的时间吗”，既能表达对客户的尊重，又能给客户留下选择是否谈话的余地。

5. 尽量缩短“请稍候”的时间

在接听电话的过程中，如因查找资料而让客户等得太久，客户可能会因为没有耐心等待而挂断电话。电话销售原则中有一条就是：不要让客户等待电话的时间太长，如果真的需要客户等待，应该明确告知客户所需要等的时间。

很多理财经理经常这样做：明明需要客户等 10 分钟，但怕客户等得不耐烦，会说成需要等 5 分钟，其实这种做法是不正确的。人们大都有这样的心理，如果对方让自己等10分钟，而实际等待的时间不到10分钟，则内心会比较满意，对对方产生好感；如果对方明明需要10分钟，但偏偏说让自己等5分钟，结果等待的时间更长，则很容易产生焦躁心理。因此，一个明智的电话销售员应实事求是地告诉客户需要等待的时间，这样才不会令客户反感。

另外，为了缩短让客户等待的时间，最好在通话前准备好所有的资料，并且熟知资料的内容。这样，当客户问到资料上的某个问题时，才能轻松、快捷地找到答案。

6. 若商谈的事情很多，请事先告知对方

利用电话进行销售的时间不宜过长。如果需要商谈的事情很多，要提前告知客户，给客户以心理准备。如果客户表示时间充裕就可以继续谈下去；如果客户表示时间紧促还有要事要做，最好简短地说明打电话的本意，约定下次再谈的时间，以表示对客户的尊重。

7. 确定双方的沟通是否良好

由于电话沟通的局限性，双方不能面对面地看到彼此。因为不能确定对方在与不在，是否在听电话，容易给说话者造成心理障碍。所以，在打电话时，应尽可能地通过有效的手段确定双方的沟通良好。比如，在通话过程中，可以适时地发问："您觉得呢?""您是怎么看的呢?""您在听吗?"这样可以有效地集中客户的注意力，进而确定对方是否在听。只有确定对方还在听后，才能放心地继续沟通。

8. 信守承诺，从我做起

在电话中说出的话需要做到"君子一言，驷马难追"，答应客户的事情，无论如何都要做到。但是，有些理财经理因为觉得承诺代表着负责，从而减少做出承诺，其实这样做也不对。

明知自己办不到的事情，不做出承诺确实是明智之举。但是，因为怕承担责任而一味地推托，也不能赢得客户的心。乱打保票和高高挂起这两种态度都是不负责任的表现，尽最大的努力给客户提供帮助，才是理财经理最负责任的表现。

9. 电话突然中断，请主动回拨

在与客户通话中，常常会有因信号不好或者误操作导致电话中断的情形。遇到这种情况，应该怎么办呢？等着客户打过来吗？通常，我们都有这样的想法，如果不是自己的原因中断了电话，会等着对方将电话打过来。实际上，在与客户沟通时，即使不是自己的原因使电话中断了，你也应该主动地立即回拨。这样做能够表现出积极交往的态度，更容易获得客户的信赖。

10. 确认对方挂断后再挂电话

双方沟通完毕后，在与客户结束电话时，除向对方表示感谢，说声再见，还要让客户先挂电话。这不仅体现了你的礼貌，而且可以防止客户还有话没有说完，同时还会让对方有一种控制通话的感觉。相比较先挂断电话，让自己而不是让客户听到最后生硬的断线声，客户的心理感受是不一样的。要想获得客户的好感，就一定要先尊重客户的感受。正如戴尔·卡耐基所说："你不可能有第二次机会来建立你的第一印象。"

理财经理在电话销售中的模式是以接打电话为主的，通过培养接打电话的一些习惯，往往能给客户留下较好的印象，对理财产品的销售是有帮助的。

如何与客户进行有效沟通

很多理财经理都有一些困惑：为什么我跟客户面对面的时候交流得还

算不错，但是在电话沟通或者约访的时候却感到有些窘迫或者不自然呢？怎样才能与我的客户进行比较好的电话沟通呢？

理财经理如何与客户进行成功的电话沟通呢？在电话沟通中有哪些常用的技巧呢？让我们通过3个步骤来探讨这个问题。

1. 开宗明义

一般来说，拨打客户的办公电话是比较礼貌的方式；万不得已的情况下或经过客户要求，可以拨打移动电话；拨打客户的家庭电话是不太礼貌的。在电话接通的瞬间，理财经理可以通过对方电话中的“背景声”，判断一下他所处的环境：嘈杂的闹市？安静的办公室？会议、谈话中？抑或是机场车站……通过这些信息，理财经理可以掌控自己的音量、音调和谈话时间的长短。

开门见山的自我介绍和客气的请求通话是理财经理专业性和个人修养的体现。

> “您好，请问您是××先生/女士/小姐吗？”（如果能够肯定对方就是你要找的客户，可以直接在对方的称谓后问候“您好”，感觉更亲切一些）
>
> “我是××公司的理财经理×××。”（这是必须要说的内容，别指望所有的客户都能听出你的声音，或者仅仅报上大名就能一下想起你在哪里工作）
>
> “现在您说话方便吗？”（很多时候对方确实不方便，你对他的尊重将换来他对你的尊重。如果客户表现出为难的话，理财经理要主动地提出“那我过一会儿/一刻钟/半个小时/下午/明天上午再给您打过来”，客户一定会感谢你对他的体谅，甚至在下次通话的开始先表示歉意）

不要小看这开门见山三句话，这是理财经理专业、文明和宽怀的体现。沟通之前，先在客户的心目中得到一个高分。而那些以“尽可能不被客户挂断电话”为标准的“推销式”的电话沟通不适合理财经理，更会遭到客户的不信任，甚至反感。

2. 直陈要点

在获得客户许可后，理财经理就可以从容地呈现要与客户沟通的内容了。通话中，可以尽量让自己的表情处于微笑状态。微笑地说话，声音也会传递出很愉悦的感觉，在客户耳中便会化得有亲和力，让电话沟通都保持最佳的质感，可以帮助你融入对方的时空。

语音语调当然会因人而异，但是尽量控制速度适中、坚定稳重，要有必要的停顿和相对固定的语速，不要被客户的语速带得过快或过慢。

由于电话沟通的时间有限，你表达的内容要言简意赅、信息准确、观点鲜明、论据有力、请求明确，并伴有对客户短小而并不复杂的提问。最重要的一点在于“防止歧义”，“防止歧义”的最有效办法则是随时确认或小结你们的谈话要点。例如，“我明白了，您的意思是……”“因此，您认为……”“好，我会把有关……的详细情况发邮件给您”“没有问题，我会帮您预定……理财专场的座位，欢迎您来参加”等。通过这样的小结，可以突出你们的谈话重点，也可以让客户觉得他与你的沟通是“有成果”的。

3. 总结确认

由于电话沟通的介质仅仅是气流的震动，因此当你在对每个沟通要点进行小结后，仍然要在挂断电话前进行最后的总结，反复强调你达成的“沟通成果”。这个时候，可以充分发挥电子邮件或手机短信的辅助效果。

如果客户接受了你的口头邀请，理财经理可以说：“我会将正式的邀请函快递给您，并在理财沙龙的前一天用手机短信提醒您一下。”

如果客户愿意见面详细讨论他的理财规划方案，理财经理可以说：“我会把刚才确认的时间地点给您发邮件或短信，请您再次确认，我会做好充分的准备，谢谢!”

如果客户愿意让你寄送详细的产品资料，理财经理可以说：“我会在今天下午/明天上午把您需要的材料发到您的邮箱/快递给您，麻烦您注意查收。有什么不清楚的地方可以随时给我打电话。”如果客户已经收到材料，却仍然由于各种原因没有给你电话反馈的话，我们还可以再次致电：“您最近一定很忙，距离上次给您寄送材料已经过了一段时间，如果我当面给您解释一下这些材料上的内容，对您来说是不是更方便一些?”如果客户接受了上述的请求，则意味着已经成功了1/3。

对于比较复杂的电话沟通，理财经理可以在最后说：“刚才我们实际上谈了三个问题，我归纳一下，您看对不对……”或者可以说：“刚才咱们谈了很多问题，我回去整理一下，给您的电子邮箱里发个‘纪要’好吗？到时候请您确认一下，以免我丢掉要点或者没有听清。”如此知性的话语，客户非常难以拒绝。

一般来说，向客户致谢后，等对方先挂断电话是比较礼貌的表现。最后要提醒理财经理的是：千万不要把你在电话中承诺的内容忘到脑后或迟迟没有反馈，积极的反馈是对客户最大的尊重。

掌握了上述最基本的技巧和要点，你会发现其实电话沟通并不难，或许还能成为一种乐趣呢!

拿起电话知道该怎么说

一个好的理财经理在打电话时都有一个清晰的思路，在与客户沟通时知道自己该说什么、不该说什么。

1. 说些吸引客户的话

成功电话营销的第一个要素，就是要吸引潜在客户的注意。请记住，对方并不是在恭候你的电话，或许你打电话给他时，他正在想着其他的事情，而你的首要任务就是让潜在客户停下手中的活儿，并把注意力转向你。你有 10 秒钟左右的时间来完成这一任务。

2. 会介绍自己

自我介绍的大体内容包括自己的姓名、自己所在的投资公司以及自己的工作职务。而这最简单的三项被称为电话销售中的“自我介绍三要素”，因此，这三要素是自报家门时缺一不可的，在打电话时要将自己的身份如实介绍给客户。

（1）姓名

在拨通客户电话的时候，首先就需要做一个完整的自我介绍。对于初次接听拜访电话的客户，最好不要说自己是小王、小娜，要说全名。因为这些简称无法给客户留下一个深刻的印象，而且还会让客户觉得你这样说是对他们的不尊重。例如，理财经理李磊这样介绍自己——“小李飞刀的李，光明磊落的磊”，显然，这样别致地介绍自己的名字也容易给客户留下深刻的第一印象。

（2）所在投资公司

在自报家门的时候，说到自己的公司，最好不要说公司的简称，而要将公司的全称告诉客户，以便客户能够明确自己公司的相关情况。至于自己的工作部门，必要时也可以告知客户，这样能够增加客户对你的信任。

（3）工作职务

说完公司名字以后，须加上自己的工作职务，如“我是××公司理财经理李磊”。当客户知道你的职务后，会相对放松警惕，并对你的专业性有一个认知。

3. “九式”台词

拿起电话，怎么说？“剧本”台词设计“九式”，教我们说什么：开始说什么，然后说什么，最后说什么。

如果一开始就向客户推销理财产品，不但耗费精力，而且还会使自己的信心减少；如果打电话就是在问候客户、恭维客户，真正的销售目的或是增进客户关系的目的没有达到，又会感觉有些不甘心。怎么办？

“怎么说”并不等同于“说什么”。“怎么说”是思维层面，我们要把思维层面贯彻到确切行动层面，控制好每次电话沟通的“九式”，才能实现沟通目的。下面就提供九个销售沟通句式类别及话术举例，详见表4－1。

表4－1　　九个销售沟通句式类别及话术举例

销售语句类别	语句解析	沟通话术举例
简捷式沟通	传递给客户坚定的信念和熟悉并简单称呼客户的口吻	您好，李总
恭维式沟通	让客户产生眩晕的感觉	您在某方面做得很专业，值得学习
情感式沟通	让客户对你产生好感	恭喜您高升； 忙碌不忘照顾身体
利益式沟通	关注客户的切身利益与损失	如果我们合作会给贵公司带来××收益； 同时给您个人在仕途上带来××收益
事务式沟通	就事说事，直截了当，开诚布公	就××事情我们沟通一下； 我已经把相关的资料发给您了，请查收
探索式沟通	更多地了解客户的需求	对这个项目您有没有初步的思路； 您在这方面有什么想法； 想要达到什么目标
引导式沟通	引导客户更多地关注我们	您在这方面做得非常好，如果换一种方式去操作效果是否会更佳

续　表

销售语句类别	语句解析	沟通话术举例
顾虑式沟通	了解客户的疑虑，消除客户的顾虑，消除合作前的最后一道心理障碍	您现在最担心的是什么； 您有这样的担心是非常正常的，我们会慎重考虑这些问题，以前我们遇到同样的问题，我们是这样做的……
促进式沟通	促进沟通目的的达成	您现在购买可以享受优惠； 您需要的产品已经为数不多了，您若是感兴趣，我可以为您保留到明天中午 12 点前

电话销售基本上离不开以上九个沟通句式，使用时也要结合公司的具体活动、产品做相应的调整。在每一次沟通的过程中，不是九个句式都会同时出现，要根据不同的情况、不同决策层次、不同客户关系等区别对待。

理财经理电话邀约句式

如何成功实现电话邀约？我们可以试着从以下几方面着手。

1. 约见客户时要自信

很多时候，客户往往会认为，一个理财经理之所以没有自信，或许是因为他根本不信任自己的产品。因此，当理财经理在电话这端放低姿态、卑躬屈膝地请求客户的约见时，客户总是会一口拒绝他。所以，理财经理在约见客户时首先要有一个自信的态度，对自己的产品要充满信心。比如，下面的话就能充分显示出一名理财经理的自信。

"近10年来，我们的投资咨询服务已经帮助近百家企业实现了利润翻番。我们认为，您的公司也能够在我们的帮助下创造同样的奇迹，就看您有没有这样的兴趣。那么，您愿意抽出一点时间和我面谈一下吗？"

2. 保持热情

我们曾不止一次强调热情对于电话销售员的重要性，在电话邀约时仍然要强调这一问题。充满热情的声音，是让电话另一端的客户感受到你真诚的重要方式。如果你在电话邀约过程中能始终保持热情的态度，就能感染对方，引导其最终做出有利于你的决定。

3. 不妨欲擒故纵

对客户过分客气，只会助长对方的心理优势，让他以居高临下的姿态审视你。要想成功在电话里约见客户，一定不能过分客气。有时候，适时地使用一种心理战术反而能够达到良好的效果，比如销售精英们最常用的欲擒故纵之法。

让我们通过下面的电话脚本来体会欲擒故纵的妙处。

"如果您不愿意花上几分钟的时间见我，让我为您展示我们的产品，您就会失去一个能够让您/贵公司的利润在短期内提升15%的机会，真是太可惜了。既然这样，我就不打扰了，希望以后有机会与您合作。"

值得一提的是，在使用欲擒故纵这一技巧时，理财经理需要格外注意自己的表述方式，即语气和语调的配合。这一点至关重要。要知道，凡事过犹不及，如果说得不得当，很可能会激怒客户，导致彻底失去与其合作的机会。

4. 从客户的角度出发

作为理财从业者，应当在任何时候都把客户摆在第一位，即任何考虑都应首先站在客户的角度。在与客户约定会面时间时，理财经理也要从客户角度出发，你所划出的时间范围一定要是对方最可能接受的，千万不要以自己的角度为准。

这样一来，客户才会觉得自己掌握着主动权，觉得这是他自己做出的选择，而不是你强加给他的。下面例子就有强迫客户的意味。

“我是明天去拜访您呢，还是后天去拜访您呢？”

而采用下面的话术则会好得多。

“我去拜访您一下吧，您看您是明天上午方便呢，还是下午方便呢？”

如果客户回复：下午吧。

“那您看下午大概是几点呢，2 点还是 3 点您方便呢？因为我想专门把这段时间预留出来给到您，我担心其他客户这个时间段过来找我会影响到您。”

理财经理电话开场经典话术

开场白：“老师您好，我是××公司的理财经理，我叫×××，我的工号是×××。是这样子的，我们公司是专业的第三方理财机构，主要做一些固定收益类理财产品（我们的项目主要有信托、基金、私募股权等），现在我们在做一项市场调查，我们之间的通话将会被录音。”

1. 客户："忙，不方便。"

应对话术："嗯，像您这样的成功人士肯定很忙，那您先忙，我改天再联系您，我一会儿将我们公司的信息发送到您手机上面。"

2. 客户："没钱，没兴趣。"

应对话术："您真会开玩笑，正所谓'你不理财，财不理你'，其实理财并不是有钱人的专利，相信您也一样希望财富增长，而且我和您沟通也不会占用您太多时间，您就相当于多一个平台了解投资而已。"

3. 客户"不需要。"

应对话术："没关系，我也只是想和您建立一个长期的联系，以便在您需要的时候能够第一时间帮助您。"（然后问他几个开放型问题，反正就是要套他的话，挖掘他的需求，没有需求你就永远也切不进你的产品里）

如果你感觉他真的有意向用你的产品，你可以这样说："没有钱不是问题，问题是通过这个项目（推销的产品）可以使您挣到钱，现在只是小的投资，可以使您得到更大的回报。"（开始介绍你产品对于他的重要性）

如果客户不想买你家的产品，一直敷衍说"没有钱，确实不想做"，那你就没有必要跟这样的客户浪费时间，直接挂电话就好。

4. 客户"没需求。"

应对话术："那请问一下您，您在哪些方面有理财的需求？作为专业理财师，也许我可以给您一些建议。"

也可以这样回答："我非常理解您，因为刚开始您对这个产品还不太了解，您需要一个了解的过程，待您了解后再决定也可以呀。"

5. 客户："暂时没做投资，以后再考虑吧。"

应对话术："没关系的，我们可以提供一些好的理财信息供您参考。您提前做一些了解，有哪些理财产品适合您，市场行情怎么样，以后决定投资理财时，就非常便利了。"

打消客户对理财产品的顾虑

在电话销售中经常会遇到对理财有误区的客户，应该怎么办呢？沟通，当然还是沟通。不过，要有效沟通、高效沟通，还要针对不同的理财误区，采取不同的沟通方式。这样，才能真正获得良好的沟通效果。

1. "投资理财风险太大"

"投资有风险，入市需谨慎。"这句话相信很多客户都不陌生。不过，也有些客户因为害怕风险，直接放弃投资理财。面对这样的客户，理财经理该怎么办呢？

一般来说，这类客户都有财务恐惧心理，他们害怕投资理财，且对理财经理表示怀疑。他们本性中想避免财务上的讨论，而且很容易受惊吓。但是一旦得到他们的信任，他们会是最忠实的客户。

他们的特点是：多数是继承财产者；对于经济自主的责任感混乱且失败；不喜欢投资理财，甚至害怕投资理财。

面对这样的客户，首先要打消他们对投资理财的偏见。理财经理可以这样说：

"投资理财有风险，这是大家都认可的，不过需要区分的是，尽管二者都是管理和处置财产的行为，但投资不等于理财。投资关注的是所运用资产本身的安全性、流动性和收益性三者的兼顾，其目的是保证所运用资产的保值、增值。理财不仅要关注资产的保值增值，还要关注财产的分配和资产的配置。所以，理财的着眼点是全局。

“换句话说，理财包含财务管理，强调的是人生价值的体现和家庭在财务上的‘能挣’和‘会花’的和谐统一。理财的最终目的是通过财务管理等活动实现人生在财务上的自由、自主和自在。

“所以，风险控制是理财行为首先要考虑的问题，因为风险无处不在，只有在确保了财产和人身安全的前提下，才能进行理财。”

听了这样的话，客户对投资和理财的区分已经相当明显了，但是对理财行为到底如何进行风险控制，还会有一定的疑虑。理财经理可以继续开导：

“风险控制就是通过一系列的财务安排和人身活动安排，将可能出现的、可能会造成损失的小概率事件，通过事先进行人身活动调整和事先支付一定的少量费用，来化解可能出现的重大损失。也就是说，风险控制是将不确定的大的损失转化为确定的小的损失的一种重要的经济活动！

“任何投资理财的方式，在你对它一无所知时，都是高风险的，但你可以靠学习来降低任何投资的风险。这就如同游泳，深水区固然是高风险区，但对于会游泳的人来说，风险就会低很多，而浅水区对于一个婴儿来说，也是巨大的风险。

“而我们做理财经理的，就仿佛游泳池里的教练，如果我们让您贸然进入深水区，结果您发生了危险，我们也承担不起啊，是吧？所以我们会尽力为您的财富做好保驾护航的工作。”

此时，客户对投资理财的风险应该有了一个感性的认识，但是希望客户马上从误区中走出来是不现实的。理财经理可以从另一个角度，继续引导客户端正理财态度：

“您的风险意识非常强，这是很好的，但是过于夸大风险，忽视理财过程中的风险控制，就等于间接放弃了自己下半生的财务自由。

“您现在家庭的财富积累方式，应该是‘增收节支’型的吧？就是通过‘开源’来增加钱财，通过‘节流’来减少钱财的消耗。其实‘增收节支’也算是一种理财手段，但不能代表理财，在某些条件下还和理财本身的理念相背离。

“我猜您不喜欢介入关于投资理财的烦琐的技术问题讨论，所以资产配置对您来说是可以研究的好方式，它能让你直接把对财富的追求连接在配置里所指向的方向。

“我们这行很多优秀的人每天都烦恼着如何创造出投资最好的方式，那就是资产配置。如果您愿意让我做下去，我想要先看看有些什么能够用在这个模式里，然后我们再来讨论如何规避风险。”

这个时候，客户即便对投资理财的风险还心怀忐忑，但基本不会拒绝了解资产配置。理财经理在询问客户基本信息后，可以这样说：

“我建议您先设立一个理财管理账户。我有许多客户选择管理账户的原因是它能够明确地把繁杂的投资决策交给专业财务管理，做完投资理财决定之后，就能完全不用再去管这些事。”

总之，对于认为投资理财风险太大的客户，理财经理需要做的，不是片面地强调产品收益和保本这类套话，而是要帮助客户正视风险，走出误区。沟通的要点有：

①强调理财服务是包括风险规避的。

②明确了解该客户所能承担的风险。

③让客户明白你推荐的理财产品在他的风险承受范围之内。

2. “攒不到钱投资理财”

理财经理在电话营销中，常常会碰到“总爱消费，攒不到钱投资”的客户。理财经理要消除客户“我只消费，没钱投资”的误区，关键点在于：

（1）不要劝说客户少消费，而是要引导客户通过理财，获得更好的消费

认为自己总爱消费的客户，往往是冲动型消费者。要让他们认可理财，就要让他们对更高的消费品产生欲望，如房子、车子、奢侈品等大额商品。一般冲动型消费者购买小额商品的居多，所以大额商品对他们的购买力是一种挑战，也是一种诱惑。而理财是获得这种消费品的有效途径。

（2）指出小额定期理财是不会影响生活质量的

消费型的客户最怕理财会让自己手头变得“紧巴巴”，理财经理的责任就是要消除客户这方面的疑虑。事实上，一个有固定收入的人每个月少花几百块钱是感觉不到什么的，但坚持下来的收益就非常可观。这个对比对于客户会是一个不小的情感冲击，也有利于客户做出理财的决策。

3. “我不具备理财的才能”

“我不具备理财的才能。”持这种说法的客户，相信几乎所有的理财经理都碰到过。这样说的客户一般是对理财不太了解的人。他们或者从来没有接触过理财产品，没有“理财”的概念；又或者道听途说，对理财的风险估计过高。对于这种认识误区，首先要让客户正确“理财”。

我们来看一位理财经理张小姐是如何来化解的。

张小姐拨通电话，对王女士说：“您好！我是××公司的小张，王阿姨还记得我吧，上周还给您办过业务呢？”

王女士：“是小张啊，记得！”

张小姐：“阿姨，我们这儿有款很好的理财产品很适合您？并且效益非常好，也没风险。”

王女士："理财？算了吧。那都是有头脑、有能力的人干的事。我年纪也大了，家里的事还忙不过来，哪里有精力干这个？再说，我姐姐上次买基金，还赔了呢。她那么精明的人都栽了，我哪里做得来啊？"

张小姐："阿姨，您说得一点也没错。理财的确是一门技术，如果没有足够专业的能力，盲目理财是有可能出现反作用的，就是没赚到钱反而亏了。但是，您也知道钱这个东西，是'你不理财，财不理你'。所以，因为担心自己没有能力理财而放弃这种财富积累的方式，不是有点因噎废食吗？"

王女士："可是我真的不会理财。我连上菜市场买菜都会算错账呢。"

张小姐："阿姨，我想您对理财可能有点误会了。理财是一种财富的管理方法，可以说是现代社会的一种生活方式，并不需要您像做数学题一样地计算。再说了，您都没有接触过理财，怎么就能断定自己没有这个能力呢？我有几个客户，刚刚开始接触理财产品的时候，也是觉得自己这也不会，那也不会，结果您猜怎么着？半年不到，全成高手了。现在有时候他们还给我推荐理财产品呢。所以啊，没准儿将来您也是个理财能人哦！"

王女士："哈哈，我可不敢那么想。他们是能人，我就是个笨人。"

张小姐："说实话，没有人是天生会理财的，但能力是可以培养的。不瞒您说，我大学是学建筑的，跟理财根本不搭边。后来选了这行，才自己补的课。您看，只要愿意培养能力，人的潜力是无穷的啊。"

王女士："话是这么说。你们年轻人，头脑灵光，我怎么比得上？"

张小姐："其实话说回来，您并不需要多少理财的知识和技术。因为我们有专业的投资分析专家，就是为不专业的客户提供帮助的。"

王女士："但是我听说，现在很多理财产品都不保险，上次我一个邻居买了不知什么产品，结果后来别说利息，连本金都折了。"

张小姐："的确是这样的。理财有一定的风险，这也是我们这些理财经理存在的原因之一。我的责任就是根据您本身的实际情况，为您选择合适的资产配置方式，为您推荐符合您收益需求的产品，并且帮您随时关注市场，以做出最合理的选择。说白了，我们就是为了保护您的利益而存在的。哪怕您要当甩手掌柜都没问题。而且您也看到了，我们这里是正规销售渠道，跟那些不负责任的小公司不能相提并论。”

王女士：“嗯，我想想……”

张小姐：“您可以慢慢考虑，我等会儿给您带过去几份产品的简介，您先看一下如何？这样可以结合您的需求，更有针对性。”

王女士：“好的。”

在这个情景中，理财经理张小姐碰到的客户王女士，是一位有一定积蓄但是对理财心存怀疑的人。王女士拒绝理财，是由于认为自己能力不足。所以理财经理就从这点出发，一层层化解了客户的疑虑。

第一，理财经理肯定客户的说法，同意“理财是需要能力的”这个观点。当客户有异议的时候，先同意，这样有助于拉近跟客户的心理距离。如果一开始就反驳客户，就会让客户觉得你不可信任。

第二，理财经理告诉客户，理财是现代家庭必需的，不能因为觉得没有能力就放弃。这是理财的重要性。

第三，理财经理帮客户分析何为理财。理财不等于算账，从而进一步提出下面的观点——“没有做过理财，不等于没有理财能力”，并且用成功的例子来加强说服力。

第四，理财经理继续帮客户消除疑虑，让客户明白理财经理的存在，就是为客户提供专业帮助的。

第五，当客户提出关于风险的问题时，其实客户对理财的兴趣已经完全被调动了起来。剩下的事情就是获取客户的信任。也就是说，客户认为自己“没有理财能力”的误区已经被成功化解。

4. “你们的收益太低了”

可能多数理财经理会说：“我们的理财收益低于他行，怎么办?”可令人费解的是，A 行说他们比不上 B 行，B 行说他们比不上 C 行，C 行说他们比不上 A 行，到底谁的产品收益高呢？没有永远的赢家，无论哪家的产品都不可能永远站在巅峰。即使是这样，如果面对同期产品，当自己产品的收益没有优势时，如何留住客户呢？

第一策略是“比”，即第一技巧、第二技巧和第三技巧。第一技巧比起息，就日均说事；第二技巧比风险，拿协议说事；第三技巧比频率，拿年总收益说事。

第二策略是“算”，即第四技巧算收益。计算客户能够多获得多少收益，然后千万不要对客户说：“没多出多少钱，这都是小钱。”这样的话不应该出自职业的理财经理之口，我们可以据此帮助客户分析投入产出比，收益高有产出，但需要投入什么呢？第一条是拿收益与成本做对比，来买理财是不是需要投入成本？开车一来一回，收益可能还没有那点儿油钱多。如果客户不在乎小钱，那就采用第二条，将收益与时间做对比，来回路上加上等候的时间需要多久呢？如果第一次去新公司买理财，开户、风险协议、理财协议，做这三件事情是不是需要花费半个小时？是不是需要填写不少单据？第三条是拿收益与安全做对比。如果客户要转账，必然有手续费；如果取现金，则可能存在人身安全问题，得不偿失。

第三策略是“送”，即第五技巧和第六技巧。第五技巧有礼品送礼品，送礼品要有一定的技巧。公司里面杯子最多，送给客户时该怎么说？“王大哥，这个杯子送给你吧，装水可多了！”“孙大姐，这个杯子送给你吧，你就别把钱取走了！”这些话听起来就感觉刺耳。那如何送礼品呢？送价值，送品牌，送内涵，送情谊。电话中如何设计话术？见过一个高手是这样送杯子的：“王总，我们这有个杯子，猛一看其貌不扬，但这可是我们北京总行请中国工艺美术学院的大师为大客户特意定制的，他们平时都是为中央的外宾设计礼品，这一次光设计费我们就花了不少钱，而且第一批只生产了 365 个，代表 365 天每一天都与您心心相印、心心相连。我们公司只有 3 个，第一个我就给您留好了！”

那没礼品又该怎么办？没礼品送承诺，今天没有就明天送，物质没有就送精神。

此外，在与其他公司的产品做对比时，要注意以下两点：

①切勿贬低竞争对手。这是电话销售中的大忌，理财经理不要随意地攻击竞争对手，这并非专业理财经理所为。

②说明产品的优势所在。介绍产品的优点，向客户描述购买之后会产生怎样的效益和价值，用理财产品的优势说服客户。

5. 客户不准备买了，怎么办

当客户说“对不起，我们不准备买了”等拒绝话语时，通过有策略的交谈，巧妙突破客户的防线，开发出客户的潜在需求。

肯特是一家人寿保险公司的推销员。当肯特按照上一次电话中约定的时间与某公司的总经理安德森先生进行电话跟进时，安德森先生的回应很平淡。

安德森先生：“我想你今天还是为了那份团体保险吧？”

肯特：“是的。”

安德森先生：“对不起，打开天窗说亮话，公司不准备买这份保险了。”

肯特：“安德森先生，您是否可以告诉我到底为什么不买了呢？”

安德森先生：“因为公司现在赚不到钱，要是买了那份保险，公司一年要花掉1万美元，这怎么受得了呢？”

肯特：“除了这个原因，还有什么其他让您觉得不适合购买的原因吗？可否把您心里的想法都告诉我？”

安德森先生：“当然，是还有一些其他的原因……”

肯特：“我们是老朋友了，您能告诉我到底是什么原因吗？”

安德森先生：“你知道我有两个儿子，他们都在工厂里做事。两个小家伙穿着工作服跟工人一起工作，每天从早上8点忙到下午5点，干得不亦乐乎。要是购买了你们的那种团体保险，如果不幸身故，岂不是把我在公司里的股份都丢掉了？那我还留什么给我儿子？工厂换了老板，两个小家伙不是要失业了吗？"

（真正的原因总算被挖出来了，所有开始时的理由只不过是借口，真正的原因是受益人之间的问题，可见这笔生意还没有泡汤。）

肯特："安德森先生，因为您儿子的关系，您现在更应该做好保险计划，让儿子将来拥有更好的生活。我现在就上您那儿去，咱俩一起把原来的保险计划做个修改，使您两个儿子变成最大的受益人。这样一来，无论父亲还是儿子，哪一方发生意外都可以享受到全部的好处。"

安德森先生："好吧，如果能达到这个要求，我倒可以考虑签单。"

当客户说出拒绝的话语时，一个成熟而有经验的电话理财经理会通过有策略的交谈，巧妙突破客户的防线，从而开发出客户的潜在需求。推销时挖掘客户的消费需求至关重要。

挖掘客户的消费需求，就是要让他觉得眼前的商品可以给他带来远远超出商品价值之外的东西。每位顾客由于其年龄、性别、职业、文化程度以及消费知识和经验的差异，在购买商品时，会有不同的购买动机和消费需求，因此，他们所要求得到的服务也不同，理财经理面对每一位顾客都要细心观察，热情、细致地为他们提供所需要的服务。

客户的消费需求要求理财经理去开发，聪明的理财经理会在无意中给顾客限制选择的权利或者是让消费者做出有利于理财经理的选择。要想占有更大的市场，就要求理财经理不断开发客户的需求。

6. 理财经理应对顾虑的经典话术

下面再介绍几种理财经理会遇到的对方的顾虑，以及应对的经典话术。

（1）时间太长

“如果投入10年，让您领一辈子钱，您愿意吗？但我们只能让您领取20年，您还觉得长吗？同时还有20年的保障，您还觉得长吗？”

“时间长，返还也快，保障时间也长啊！您看，您的钱每年都到公司转存一次，多麻烦，赶上利率下降还受损失，选择这个产品既方便，又划算。”

（2）分红不确定

“不确定才能抵御利率波动，带来更多惊喜。分红固定的话，将来公司升息就不合适了。”

（3）满期收益能有多少

“产品收益分两部分：保底和红利。因为红利是浮动的，所以满期收益现在不能确定。如果存公司，利率也经常变动，现在无法预知。不过只要您能存满期，收益一定会令您满意。”

（4）公司升降息对产品有没有影响

“影响不大。因为分红多少是根据公司的经营状况而定的，保险公司的投资途径很多，空间较大，专业理财，保证资金稳健增值。因此，公司无论升息还是降息，这款产品都能保证您的收益最大化。”

（5）中途用钱怎么办

“把您手中的钱分开理财，一部分作中长期投入，防病防老；一部分选择短期储蓄，满足不时之需。”

“可以随时支取，但收益会受影响。如果急用钱，可选择保单贷款，以解燃眉之急。”

（6）缴费期和领取期为什么不一致

“只缴10年费，可领取20年，缴费结束后给您延长10年的收益与保障期限，重大疾病也保20年，时间越长越划算啊！”

实用工具

电话沟通常用表单

1. 个人信息表

表4－2　个人信息表

姓名		账号	
个人数据			
性别		年龄	
婚姻状况		工作性质	
孩子个数		收入阶层	
生活方式		信用状况	
其他			
地址数据			
详细地址		地址类型	
电话号码		销售区域	
其他			
备注：			

2. 电话沟通心态测评表

根据平时自己销售习惯，完成下面的测试。

表 4-3　　电话沟通心态测评表

题　目	您的答案	
	A	B
1. 你打电话给客户的目的是什么	提供一次帮助客户的机会	把产品推销给客户
2. 你了解客户存在哪些问题吗	了解	不了解
3. 你清楚地知道客户能从产品中获得重大利益吗	知道	不知道
4. 你知道客户感兴趣的话题吗	知道	不知道
5. 你知道客户最关心什么吗	知道	不知道
6. 你会给客户提供一些有价值的信息吗	会	不会
7. 你了解客户在哪些方面存有疑虑吗	了解	不了解

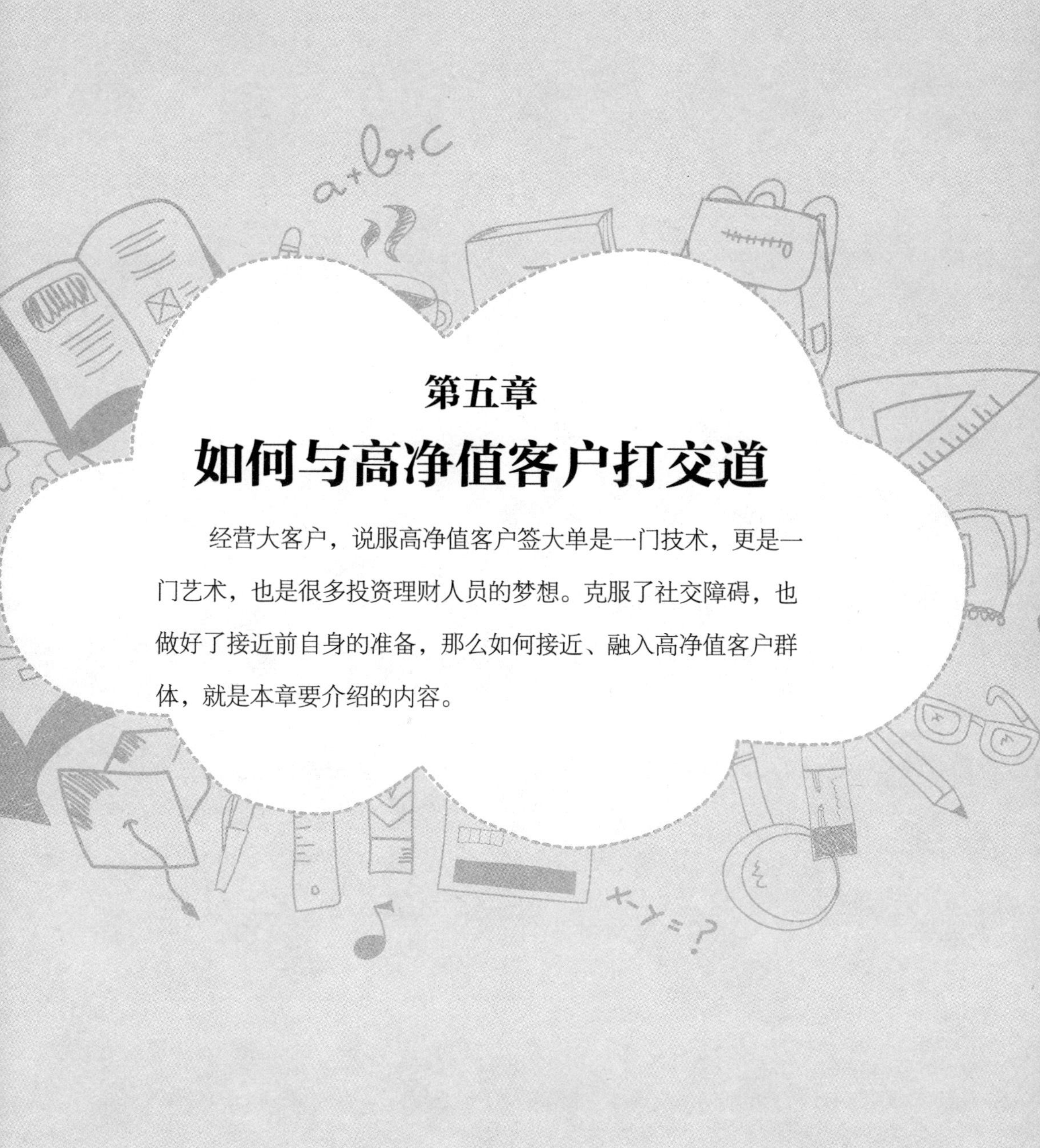

第五章
如何与高净值客户打交道

经营大客户，说服高净值客户签大单是一门技术，更是一门艺术，也是很多投资理财人员的梦想。克服了社交障碍，也做好了接近前自身的准备，那么如何接近、融入高净值客户群体，就是本章要介绍的内容。

消除与高净值客户打交道的障碍

接近高净值客户对理财经理的各方面要求也很高。第一，目标市场在哪里？第二，要开发什么样的客户？第三，我们本身是否具备应有的素质和专业的知识？一个理财经理能在接近高净值客户时避免以下几种常见障碍，就能在接近高净值客户时做到万无一失。

1. 内功不够

众所周知，签大单是提高销售业绩的关键，但接触高净值客户，与高净值客户交谈要看客户的需求，要有职业敏感和良好的嗅觉。时下，金融业对理财经理的各方面要求越来越高，要求理财经理不仅要懂专业的理财知识，还要掌握法律、财税、医学等多方面的知识，另外，还要不断学习客户的心理学、人际关系学等。

高净值客户中做生意的比较多，平时比较忙，一旦他们想要购买理财产品时，他们普遍要求理财经理的讲解专业、到位、简洁明了。

通常来说，与高净值客户接触要讲办法，练内功，与他们谈理财产品不要急于求成，要看客户的需求，对暂时不接受理财的客户，要持续追踪。有的客户跟踪好几年才会买理财，不要轻易放弃，而是定期与他们接触，从接触中了解客户最关注的信息。

接近高净值客户前，先要练好自己的内功，说话、做事要体现出好修养。要走入高净值客户的生活，了解他们的心理，高净值客户也有人性的弱点，他们也喜欢找人聊聊天，说说心里话。平时要多走动，把健康、理财等资讯带给他们。这样，当机会来临时就能签下大单了。

2. 忽视身边的高净值客户

很多人都有这样的困惑，基金难卖，高净值客户更难寻，更不用去谈什么接近。他们的直观意识觉得：我的这个客户肯定不可能再买了，这个客户条件一般，已经没有再挖掘的潜力了。

其实，很多高净值客户就在我们身边，要重视身边的每一个客户，不要忽视任何一个面见客户的机会，经常与他们联系，做他们的知心朋友，自然而然，身边就会有高净值客户产生，就能签下大单。

3. 服务不周到

服务在高净值客户销售中是非常重要的。身边有很多理财经理没有把高净值客户最为关心的事情放在心上，草草地做一份简单的计划书交给对方，就以为万事大吉了，因此也往往与大单失之交臂。

理财顾问杨敏有一个通过招标做成的团单。对方是一家很大的集团公司，杨敏一开始通过陌生拜访的形式，了解到他们有购买保险意向后，她立刻开始准备具体工作。通过接洽，该单位给杨敏发了一份招标书，她立即组织专人负责这个项目，把相关资料准备得非常详细，杨敏还主动去对方单位了解各种情况，甚至邀请对方单位派人到公司做实地调查，让对方感觉到自己公司对他们的重视。最终杨敏签下了这张单。

合同签订后，对方的人事部总监告诉杨敏，之所以选择杨敏签单，是因为他们最关注保险公司的后期理赔服务，而杨敏在接洽中把理赔的资料和曾经做过的理赔案例都准备得非常充实和翔实，让客户在理赔方面获得了比较全面和准确的信息，对理赔程序清楚明确，解决了客户最关心的问题。良好的服务为她赢得了最后的成交。

高净值客户的服务同样包括售前服务、售后服务和理赔服务。在售前服务中，理财经理应该积极主动、热情地向客户宣传理财产品，解释产品的含义并提供相关的资料，中肯地回答客户的问题，为客户选择、比较不同产品的优劣。做好售前服务，有助于获得客户的好感，它是售后服务的基础。

4. 过于专业的语言

有个秀才买柴，他对卖柴的人说："荷薪者过来！"卖柴的人听不懂"荷薪者"三个字，但是听得懂"过来"两个字，就把柴担到秀才前面。秀才问他："其价如何？"卖柴的人听不懂这句话，但是听得懂"价"这个字，于是就告诉秀才价格。秀才接着说："外实而内虚，烟多而焰少，请损之。"就是说他的柴外面干，里头湿，烧起来，烟多火小，让他便宜点卖。卖柴的人因为听不懂秀才的话，于是担着柴就走了。

这个故事，形象地说明了沟通不当的危害。隔行如隔山，对于理财人员来说也是如此。很多高净值客户对你的产品了解得不是很多，在和高净值客户沟通的过程中，同样要使用简单易懂的言辞来传达产品信息，并根据说话的对象、时机适当调整，而且不要进行过分的修饰，以免适得其反。

营销高净值客户的必备能力

按"二八定律"划分，高净值客户只占公司客户群体总数中的20%，但其资产的比重却与占公司客户群体80%的普通客户群的资产相当，甚至可以说，公司全部业务的80%来自只占客户群体20%的高净值客户。

1. 专业化知识与技能

高净值客户有如下几个特点：

其一，多为成功人士，他们有自己独特的见解或思维方式，更喜欢自己进行投资决策和操作，“上帝”意识强烈，不会轻易相信和接受别人的建议，他们中的多数人对财富规划的专业知识仍然缺乏。

其二，多为“富一代”“富二代”的创富阶层，他们中的多数人具有强烈的做大做强企业的意愿，所以更加关注新的投资创富机会。当下，私人公司服务的核心仍是为用户“赚钱”，就是说不仅为其原有的财富保值，更强调让其财富增值。

其三，资本的属性是趋利的，这决定了手握重资的高净值客户是唯利是图的，为利游走于各大公司之间，成为各家公司争夺的重要对象，因为他们确实是公司利润增长的重要支柱。

面对这样一个对公司来说具有重要作用的客户群体，单纯的传统服务方式显然不能打动和稳定他们，专业服务技能的高低将成为衡量服务质量的重要标准，也是抓住高净值客户的核心竞争力。因为客户选择公司的最终目的是为利而来，唯有凭借精湛的专业服务技能为其创造出利益与利润，才能维护住高净值客户。

专业化知识要求私人公司的理财师要有经济、金融、法律等必备知识，也要有保险、税务等基本知识，还需要有政治、心理学等辅助知识。然后以上述知识之“矢”，去射高净值客户的需求之“的”。然而，过硬的理论知识既不会在人的头脑中自发地产生，也不会从天而降，只能通过不断的学习与积累，正如“冰冻三尺，非一日之寒”的道理，唯有不断地经过学习、实践、再学习、再实践的积淀，才能在本职岗位上从合格做到优秀，才能让私人公司业务得到快速和长足发展。如果说抓高净值客户是公司发展的必由之路，知识与技术是核心力量，学习就是前提和保障。

精湛的专业技能应体现在能为高净值客户提供个性化的金融解决方案。这里所说的“个性化”是“一户一案”，而不是不分具体情况千篇一律，众多的高净值客户使用一套方案。金融解决方案绝非是某类金融产品的简单堆积，更不是简单零售业务和销售理财产品，产品仅仅是方案的组成部分，而非解决方案本身。对高净值客户的服务应是针对其人生的不同阶段，依据各自的风险偏好、个人意愿、投资偏好、资产多寡以及其收入、支出状况的变化等，制订出合理的储蓄计划、保险计划、投资计划、税金对策乃至消费计划等理财方案，满足其人生财务规划与需求。

2. 抓住客户最关切的问题

具体问题具体分析是马克思主义哲学活的灵魂。客户纵然有不同的脾气与性格、喜好或需求，只要进行深入的调查，并对具体问题作具体的分析，以客户最关切的问题为切入点，再运用专业知识帮助客户解决实际问题，必然会得到客户的认可，就会做到从点到面、从无到有、从近到远的突破，最终达到凝聚高净值客户的目的。

例如，某高净值客户是 A 企业的老板（提供土地使用权），欲与 B 企业（提供资金）合作建房，建成后根据评估结果分割房屋。此时就可利用专业知识为其筹划采取什么样的合作方式来避免增加不必要的税负。建议其采取风险共担、利润共享的分配方式共同经营。这样根据现行营业税法规定：以无形资产（不动产）投资入股，参与接受投资方的利润分配、共同承担投资风险的行为，不征收营业税，因为合作双方不以产品分成的方式进行利润分配，A 企业的行为不需要缴纳营业税。如此，为客户节省的是真金白银，客户自然愿意与公司建立稳固的银企关系。

又如，某全职太太，过着衣食无忧的生活，但由于自身没有工作，心里总有一种担心，就是一旦没有了丈夫的供给自己将如何生活。这种担心就是客户最关切的问题，恰是公司维系该客户的切入点。公司的理财师为其量身定制保险产品，用遗属需求法来帮其测算主要经济来源失去后将出现的现金缺口，从而测算客户的保险需求，然后对其保险产品提出合理化建议，被客户欣然接受。

3. 扎实的作风、顽强的精神、坚定的信念

如果说维系客户的工作难，那么维系高净值客户就是难上加难。如何把这项工作做好甚至做到极致，扎实的作风永远是成功的密码。认真研究每位客户的投资特点、资产状况，才能在营销和维系客户中做到有的放矢；用心诚恳地对待客户的嘱托才能赢得客户的信任与认可；扎实地完成每一天应做的工作，认真地完成每一件小事，就会积少成多，聚沙成塔，实现质的飞跃。爱因斯坦曾列过一个成功公式：成功 = 艰苦的劳动 + 正确的方法 + 少谈空话。少谈空话的对立面就是扎实的作风。踏踏实实做人，踏踏实实做事，成功也就为期不远了。

做任何一件事，困难总在其中，但只要去想，办法总是有的，然而要是不干，又总是有理由的。在营销客户的工作中，尤其在营销高净值客户的工作中，几乎所有的人都有过无数次无功而返的经历，遭受过客户的嘲讽和白眼，然而这都不能成为止步不前的理由，不能养成在做任何事情之前先被困难吓倒的习惯。没有顽强的精神和坚定的信念，在做某件事情之前总会瞻前顾后，给自己设置诸多障碍，这个可能不行，那个大概行不通，客户应该是很难接触的……结果只会贻误了“战机”。工作中，应该少一些如果，多一些行动，要有忍辱负重的精神和委曲求全的胸怀，即使是泪在眼中打转，脸上还要带笑。有顽强的精神和坚定的信念做支撑，能使平凡的人做出惊人的事业。尤其是坚定的信念，会引导我们朝着一个特定的方向前行。虽然我们无法改变人生，但我们可以改变人生观；虽然我们无法改变环境，但是我们可以改变心境；也许我们不能样样如意，但是我们可以事事尽力；也许我们不能主宰寿命的始终，但是我们可以决定人生的价值。这就是信念的力量。

寻找高净值客户的方向

这个世上最公平的是什么？时间！每一个人所拥有的时间是完全相等的。因此，如何有效地用好时间，在很大程度上决定着人们不同的命运和财富。试想，如果这个月需要完成的销售目标是500万元，那么理财经理是找50个客户，向每个客户推荐10万元的产品，还是找1~2个客户来实现目标？很明显，后者才是明智的选择。后者就是常说的高净值客户，他们通常是某一领域的细分客户。

根据胡润财富报告，截至2015年年底，除港、澳、台之外的全国31个省、市、自治区中，千万富豪人数已达121万人，亿万富豪7.8万人。浙江以千万富豪14万人和亿万富豪8790人，排名第一。2015年胡润研究院指出，报告中的“富裕人士”门槛为：拥有1000万元人民币以上资产的个人，资产包括可投资资产、未上市公司股权、自住房产和艺术收藏品。

目前，大多数理财经理都已经意识到开发、经营高净值客户的优势，所以，对高净值客户的识别、开发与持续经营，已经成为行业竞争的焦点。

那么，应该怎样寻找高净值客户？要寻找高净值客户，就要先搞清高净值客户有什么特征。

不少理财经理马上会说：“有钱人。”没错。一个没有钱的人，当然不可能成为高净值客户。但是，有钱只是高净值客户的特征之一，而并非全部。除了有足够的资产之外，高净值客户至少还会有以下几方面的特征。

1. 子女的教育年轻化

凡是成就大事业的人，大多考虑如何将事业持续发展，也就必然涉及事业的继承。因此，富裕人群大多从子女很小的时候就准备好孩子的教育发展基金。这跟理财经理的业绩开拓息息相关，也是理财经理应该着重考虑的问题。因为对高净值客户，理财经理不能只是简单地提供理财服务，而是要真正想客户之所想，急客户之所急，把自己当成客户的“管家”，同客户站在同一立场想问题。

2. 家庭的和谐化

俗话说“家和万事兴”，和谐的家庭关系是事业稳定发展的保障。大凡成功人士，都有较强的家庭观念。他们比一般人更注重对配偶的负责、对子女的负责、对父母的负责、对长辈的负责。所以，如何帮客户达成心愿，就涉及如何针对客户的需求做好理性的分析，选择对症的产品了。

3. 慈善事业化

经济发展和社会结构的日趋稳定，为我国慈善事业的发展提供了非常有利的经济条件。现在，越来越多的成功人士注重公益事业的发展。成功者比普通百姓更深刻地领会到从社会所得，就要想办法回报社会的真理。

现实中很多成功的企业家通过慈善的事业活动赢得了社会和老百姓的认可，也赢得了市场的认可，进一步促进事业的发展，实现一个良性的循环。其实，很多时候，他们从事慈善事业不会考虑那么多，他们心里只想到“有收获就要懂得回报”。这一点，是理财经理通过慈善机构或者慈善活动寻找高净值客户时需要明白的。

综合以上特征，可以得出，高净值客户就是：事业发展、具有较高财富且懂得享受生活的人，很早就重视子女教育问题的人，重视家庭和谐的人，注重慈善事业的人。

从社会职业上看，他们一般是民营企业家，特别是房地产业老板、钢铁业老板、煤矿老板、美容美发业老板等；他们还可以是主任医生、有项目研究资金的大学教授、高科技企业创办人；他们也可能是银行、信托、证券、电信、电力中高级管理人员等。另外，部分政府公务员、闲居在家的富裕太太或者成功熟女，以及热衷股票、房产投资的人，都可以成为值得理财经理花大力气经营的高净值客户。

具体到实践中，理财经理除了通常的随机陌拜之外，还可以通过以下的方式，寻找适合自己的高净值客户：

①定期了解某个或某几个领域，掌握在该领域事业发展成功的人士，伺机结识并争取成为跟他在该领域能够“聊得上话”的人。

②经常出入高尔夫球场、美容院、SPA（水疗）馆、高级健身场，最好成为某高档会所或俱乐部的会员。

③参加高净值客户营销会、特定主题展销会。

④定期参加 MBA（工商管理硕士）学习班，关注那些对企业发展有研究热情的人。

除了通过以上方式之外，还要遵循一个原则，它可以帮助理财经理发现一些另类的高净值客户，就是真心诚意地为客户服务，不要因为某个客户看起来不像高净值客户而怠慢或者忽视。要知道，人不可貌相，并不是所有高净值客户脸上都写着“有钱人”。

与高净值客户的接触技巧

“接近客户的前三十秒，决定了销售的成败”，这是成功理财经理共同的体验。那么能够接近客户到底有什么意义呢？在专业销售技巧上，我们将接近客户定义为由接触潜在客户进入切入主题的阶段。

1. 接近高净值客户前的准备

（1）了解自己的目标客户

在迈进客户家门或办公室的门槛之前，你首先要对客户的一些基本信息有所了解，避免仓促上阵，打无准备之仗。作为理财经理，需要了解客户哪些方面的信息，才能算是有备无患、准备充分呢？

了解客户的基本信息。理财经理最好能够全盘了解关于客户的年龄、住址、电话号码、工作地点、职位与职务、婚姻及家庭状况、学历、性格、个人兴趣、收入情况等信息，还要了解客户公司的经营理念、业务范畴、经营规模、常住地址、员工人数、年营业额、面临问题、往来公司、业界了解程度、关键人物等，越详细越好。要知道，越了解客户，销售工作就越容易展开。

了解客户的兴趣。通常在进入正式谈话之前，和客户之间最好要先有个互动，最常用的方法就是和客户谈他的个人兴趣。譬如，你的客户喜欢喝茶，你就设法去了解喝茶的相关知识，如此一来，当你在跟客户沟通时就不怕没话可说，而且比较容易拉近与客户之间的关系。

了解客户的需求。这是销售的必要条件，也就是说理财经理必须在客户有需求的条件下才能销售成功。跟没有需求的客户推销，基本上等于白费力气，即使销售成功，也是“强迫推销”，反而往往会让客户对自己和公司的印象大打折扣。

（2）把握好开场的前1分钟

前面我们谈到与高净值客户进行接触，第一印象很重要，尤其是与高净值客户见面的前1分钟至关重要。

首先要记住的是——微笑，微笑是展示你积极态度的最佳武器。它是与人沟通的催化剂。所以，销售过程中要一直保持微笑，这种笑能使你自己甚至使别人都感到舒服。

设计有吸引力的开场白，事先准备好自我介绍。内容应该包括姓名和一个能让别人迅速记住你基本形象的结束语。

比如，在社交活动中，可以说“你好，我是周林，从事理财工作已有12年，很高兴为你服务”。如果你了解或发现你们俩的个人背景有相同之处，可以说“你好，我是周林，我正好也住在你所住的小区里”或者“你好，我是周林，我们经常光顾同一家茶室。因为在那我曾两次看见过你”。如果你是经人介绍认识的，可以说“你好，我是周林，也是建国的朋友”。

开场白后，直接进入主题。讲话时，看着对方的眼睛，放慢速度，创造让高净值客户随时打断和提问的机会。

另外，守时是最基本的礼貌。一般提前 5 ~ 10 分钟到达，以获得缓冲的余地。要掌握好时间，最长不要超过 1 个小时，最短不要少于 15 分钟。

（3）准备好充足的沟通话题

高净值的客户群面很广，每个群体都有他们的特点，见不同的客户需要有不同的话题，就好像追一个女孩子，首先要弄清楚她喜欢什么，投其所好，这样才容易成功。

比如，和服装专卖店老板要能谈出目前年轻人喜欢什么，流行的时装是什么，这就需要平时经常看《时尚》等杂志。到美容院做美容的同时，要能谈保养等话题，因为无论是高档美容院的老板，还是来这里做美容的客人，收入水平都不低。

再如，从事律师这个职业的人文化层次高，收入也高。经常看法制类的报纸，通过报纸对当地的知名律师也有所了解，然后到律师事务所找比较有名气的律师咨询法律问题，是接近这类客户较为容易的方式。

理财经理可以说：“×律师，我知道您非常有名气，而且在××案件中辩护得非常出色，恰好我有一位客户有类似的问题，希望得到您的指导……”这些律师一听都很兴奋，有兴趣和理财经理进一步接触，沟通的过程中取得客户的认同，再切入正题就容易多了。而且，一旦得到这些专业人士的认可，也就不难进入他周围的高净值客户圈子。

2. 高净值客户群体的接近技巧

高净值客户可以通过各种方式去接近，比如，参加一些社交活动、通过高净值客户身边的家人或中层干部去接近、直接拜访等。

（1）参加高净值客户社交活动的技巧

参加一些社交活动，在活动场合接近潜在的高净值客户并与他们交谈，比通过电话直接联系或上门拜访效果要好得多。但是，想要参加这些社交活动也需要掌握一定的要求和方法，不仅要加入他们的组织，还要融入其中。虽然很多人已经加入了一些社交组织，但是却很少出席社交聚会，更谈不上在重要活动中融入其中了。

其实可以考虑加入的组织有很多，如校友会、商会、慈善团体、特殊爱好俱乐部（如美食家俱乐部、汽车俱乐部和品茶俱乐部）、MBA 班、理财俱乐部、专业协会等。

（2）找出你想结交的高净值客户

为了进一步找出接近你想结交的高净值客户的方法，请写出以下问题的答案：

哪些人是组织活动中我最想结交的 5 位主要的高净值客户？

这 5 位高净值客户将会参加哪些事务？

这 5 位高净值客户常去哪些地方应酬？

这 5 位高净值客户参加这些组织的原因是什么？

基于上述问题的回答，在加入组织时就更有目标性。决定了应该加入哪个组织之后，问题就是怎样加入以及什么时候加入。制作一张你将要参加的会议和事务的清单，并将其安排进自己的日常计划。不要仅仅是加入而已。

（3）参加社交活动前的准备工作

每次参加活动之前的精心准备对你的成功是极其重要的。同时在参与这些活动时应该仔细去挖掘潜在高净值客户真正的喜好，包括他们身上其他附属的东西，这样在之后的接触和交谈中就能事半功倍。

在参加社交活动之前，需要事前做好的准备工作有：

①制订参加活动的计划。弄清哪些人会去，要发展的客户对象是谁，需要带上什么东西。

②早点儿到。为发展客户做好准备，在入口处停下，计划怎样行动。

③至少在屋子里走两圈。熟悉其结构和参加的人，尤其是当活动在一间大房间里举行的时候。

④保持警惕性。早点吃饭，不要喝酒，不要抽烟。

（4）参加社交活动时的注意事项

在参加社交活动时，要注意以下事项：

①至少花 75% 的时间与你不认识的人交谈，不要和认识的人中途溜走。

②确定自己想结交的目标。确定 3 ~6 人。

③走近、微笑并坚定地握手，表现自己的热心和自信。

④至少两次叫别人的名字。首先，这可以帮你记得他们的名字。其次，一个人的名字对他自己的耳朵来说是最动听的词。

⑤告诉别人你的名字和职业，但要简短。恰当地鼓励他们提问题，这样既能帮助他们，也能帮助你自己。

⑥如果合适的话，交换名片。向他们索要名片，但只有当他向你要名片时，才给他们你的名片。

⑦向他人询问一些能使他们谈起自己的话题。在每一次社交活动中都这样问："你今晚为什么来这儿?"尽量问一些没有争议的话题。

⑧坚持向他人询问一些能让他们透露自身信息的问题。一直这样做，以便你能培养出一种以谈论他们自己为基础的最喜欢的话题。

3. 高净值客户身边人的接近技巧

我们都知道，单位里的一些高层人员，他们是企业主（高净值客户）的身边人，都有一定的话语权，而且话语权的分量比较重，那么我们如何才能去接近企业主身边的高层人士，并能让他们接纳和认同自己呢?

（1）了解他们的特征

具有较强的技术背景，受过一定的教育。

专注手头工作，致力于做好本职工作。

头脑中充满了安全意识，尽量做到公司各个项目零风险。

在公司财务运作上严格控制和把关。

关注理财经理的产品、服务和解决方案的优势。

(2) 接近他们的技巧

我们应该从这些人的日常安排和最喜欢的话题上找突破口。

尽量利用现有资源，如有适当的机会可安排他们到公司的高净值客户联谊会中进行聆听并给予或满足他们的虚荣心。

举办一些户外联谊活动并邀请他们参加，借此介绍自己的成功案例，说明你的产品、方案能解决公司及企业主的一些实质问题。

表5-1　　中高层人员与企业主的区别

	中高层人员（技术员、财务总监等）	企业主
关键特征	没有决策权，但有否决权	做最终决策，对下一步的工作发出明确指令
喜欢的话题	关心产品的功能及特色	关心整体利益
喜欢得到的结果和胜利的标准	成为行业技术专家，在技术方面是公司的“大拿”，别人无法与他相比	提高自己在行业里的整体知名度、管理知名度、创新知名度、企业盈利的知名度

4. 高净值客户信函接近的技巧

虽然现在科技发达，各种通信手段都很便捷，但对于理财经理来说，信函仍然是最能表示诚意的一种方式。

(1) 利用信函接近高净值客户须知

利用信函接近与普通的业务接近有所不同，它的接近对象并不固定，可以是在报纸杂志上得到的客户名单，也可以是老客户介绍的新朋友。一封标准的信函必须能立即吸引住客户，并且必须在开始的几秒钟内就抓住客户的注意力，让客户对于所推荐的理财产品产生兴趣，产生见面的愿望，渴望能得到更多的理财信息，并让准客户期望接到你的电话。否则，信函就和普通的广告信没什么分别了，反而使客户生厌。因此在利用信函接近高净值客户时我们要把握住以下几点：

①利用人们的求新心理。越新鲜的东西，越能激发人的好奇心，也越能引起客户的注意。所以信函一定要讲究“新”字：要提供客户还不知道的新信息（包括理财产品新品种、新理念和引人入胜的新款建议书），信函要及时反映金融业的最新动态，而且表达方式要新颖独到，给客户一种清新优雅的感觉。

②利用人们的求近心理。相对于陌生事物来说，熟悉的事物更容易让人接受。越是关系到自己的生活、自己的利益、自己的生活准则，客户就越感兴趣。因此，必须从情感上去接近客户，要从关心他们的生活、利益和个人习惯、爱好着手，给客户讲一些他身边的投资理财故事，从情感上去融化高净值客户。

③形象化宣传。不要把信函理解成文字宣传，如果在我们的推销信函中加上卡通宣传画和图表，让客户可以从视觉上更生动地了解理财产品的收益及风险，那么就能达到事半功倍的效果。同时，信函的颜色也要能引起客户的注意，宣传画的内容要能激发客户的兴趣，要给客户以美感和视觉享受，让见多识广的高净值客户也能过目不忘。

（2）信函接近的技巧

①写作格式：要写上收信人的姓名和职位，在尊敬客户的同时，让其重视你的信函。第一段内容要唤起客户的兴趣，牵住对方的思路。

②语言表达：尽量避免使用专业术语，且应简洁明快而委婉，切忌长篇大论。

③邮寄：最好能在客户特殊的日子里寄去，如节日、生日、纪念日等。同时不要忘记祝福客户和家人节日快乐。

办一场“高大上”的客户沙龙

凡是理财经理，想必都熟悉“沙龙”这一词汇。但要怎样举办一场成功的沙龙呢？这就需要定主题、邀客户、巧策划、妙营销以及常推进。

“沙龙”一词源于意大利语，其原本的意思是大客厅，流行到法国后引申为贵妇们在客厅接待名流或学者的聚会。在那之后，慢慢发展为一种在欣赏美术结晶的同时，谈论艺术、玩纸牌以及聊天的休闲场合。再后来，“沙龙”一词成了非常富有品位的“高大上”聚会的代名词了。

对于公司而言，在某个特定时期举办客户沙龙是所有理财经理都知道的事情。举办客户沙龙要达成以下目的：感谢客户长期以来对公司的支持；借这个机会，加强和客户的情感交流；在此基础上，介绍或推荐相关产品，实现相关产品的推销。

那么，要如何才能举办一场成功的客户沙龙呢？就让我们以“女性客户主题沙龙”为例，分析公司客户沙龙的重要性。

1. 定主题

要想举办一场成功的沙龙，最为关键的就是确定主题。选择一个恰如其分的主题，会吸引中高净值客户的目光，让客户拥有“私人定制”的归属感，提高客户的愉悦感，感觉过来参加沙龙是非常值得的。那么，如何正确地选择一个合适的沙龙主题呢？

每年三月，各大公司都会组织以“国际妇女节”为主题的女性沙龙。阳春三月，正是春暖花开的季节，春光无限好。对于女性客户而言，不管她在日常生活中扮演什么样的社会角色，在这样属于自己的节日里，她们总会把眼光更多地放在自己的身上。

俗话说：“爱美之心，人皆有之。”每个女人都想成为会场的焦点“明星”。在她们的心中难免会产生这样的疑问：这一季主要流行哪些趋势？色彩如何搭配才会更加漂亮？应该注意怎样的着装款式？要是有一个权威人士来帮忙参谋指点一下，那就更好了。

鉴于以上需求，我们可以选择一个与之相匹配的第三方机构，例如美容机构、品牌服装代理商或经销商，邀请他们的首席形象顾问来为客户进行现场疑难解答。这样的沙龙主题，在一定程度上是可以提升客户的关注度与兴趣点的。

总而言之，定主题，最重要的是符合客户在特定时令下的诉求，体现在针对不同年龄阶段、不同类型客户群的特殊性，让客户拥有“私人定制”的亲切感。

2. 邀客户

或许在你眼中，客户沙龙的邀约工作只不过是打打电话、发发短信，只要通知到就好了。如果你这样想，那么你就错了。原因是高净值客户沙龙的邀约需要经过一系列较为严格的客户筛选。

根据平日里你对客户的认识，开始对客户进行首轮筛选。还是以女性主题沙龙为例。某公司以“时尚流行”作为女性沙龙的主题，假如邀请的客户刚好是经营女性流行服装的企业主，在她们面前讲述时尚流行的内容根本就是班门弄斧；或者客户刚好在这段时间比较忙碌，没时间参加这类活动，你一再邀请对方，肯定会给客户带来心理上的负担。所以，第一轮筛选，就要求选择一些能够符合沙龙主题的气质并乐于参与该活动的客户。

第二轮筛选就要把目标定位在营销上面。从中国家庭结构分析，当前大部分家庭的“财政大权”归女性朋友所有。那么女性主题沙龙的举办，除了为感谢女性客户以外，更重要的是期待在季末考核时，参加活动的女性客户可以为存款冲刺做出一定的贡献。那么这一轮的筛选就要选择一些还有挖掘潜力的高净值客户了。

在基本确定客户名单后，就可以向客户发出邀请了。邀约方式分为打电话和发短信两种。为了确保客户能够参加沙龙，最好的邀约方式是“电话+短信”。首先通过电话，把沙龙主题与精彩卖点向客户作出详细的介绍后，再询问客户的参加意愿，如果客户有参加的意愿，可以再通过短信形式将活动内容详细地发送到客户那里。需要注意的是，为了引起客户更大的兴趣，可以将客户参与名额适当地缩小，利用“饥饿销售”的技巧让客户体会到这是一个很难得的机会，从而达到沙龙的宣传效果。

第一次邀约的时间最好放在活动开始前两周。在活动开始前一周，再向客户发出第二次邀约，确定客户能否参加沙龙活动。在活动开始的前两天再进行第三次邀约，而最后一次邀约的时间则应该放在活动开始的前两个小时，这一次邀约还应当确定客户的交通工具，方便我们能够及时迎接客户的到来。

总而言之，邀约客户，符合诉求最重要。“三邀四请”是很有必要的。

3. 巧策划

我们在举办沙龙时，经常会发现这样的情况：客户在沙龙现场所有的关注点都放在第三方机构上面，我们寻找不到合适的营销机会，白白丧失了客户营销主动权。

如何避免这种情况发生呢？我们可以从以下 3 个方面出发，通过活动现场巧妙的策划与布局，扭转客户的注意力。

（1）与第三方机构必须有“君子约定”

邀请第三方机构参与的目的，是提升公司服务客户的品质，因此，在现场不能含有浓厚的商业性质。简而言之，就是不能在沙龙现场出现第三方机构的产品服务推销现象，甚至不能出现类似产品或服务宣传资料，如此一来，会让客户对第三方机构产品的感受度降低。

（2）选择公司的工作人员来担任沙龙现场的主持人

通过串词的设计，可以确保沙龙举办过程中不易偏离主线。主持人的出现，也无时无刻不在提醒着客户，这场沙龙的举办方是公司，他们是作为公司的客户才有参加这场沙龙活动的机会。

(3) 将沙龙现场的桌椅布局摆设成“小岛式”

即把客户划分成几组，每组不超过六个人围坐在一个小圆桌旁边。这样的安排，是为了理财经理可以更好地和客户进行互动与交流。在现场安排一些自助取食的水果、茶点以及饮料，现场还可以播放一些舒缓的轻音乐，竭力为客户营造一种轻松愉悦的环境。

总的来说，巧策划，是为了防止第三方机构“喧宾夺主”，把控主线不跑偏，把握客户营销的主动权。

4. 妙营销

一场沙龙，除了要加深理财经理与客户之间的感情之外，还要开展对客户的相关营销工作。但是如何把这个目的很巧妙地融入到沙龙活动当中呢?

比如，我们的女性沙龙主题定为“如何做一个美丽的女人”。在介绍了服装搭配、妆容打扮以后，同样被列为重点的还包括饰品。在现场布置的时候，可以划定某一区域摆放贵金属产品。由主持人利用活动中场休息的时间，向客户详细介绍贵金属的饰品，同时，还要介绍贵金属本身具有保值、理财等功能。如此一来，在中场休息时，就可顺其自然地向客户展示贵金属的样品或实物，让客户能够实际感受贵金属产品的魅力。只有这样，无形中我们也就完成了对客户有关贵金属产品的销售。

总的来说，妙营销，就是指要符合受众群心理诉求，迎合沙龙主题选择销售产品，把销售藏匿在沙龙活动中，让客户在潜移默化中就接受了产品销售信息，并产生进一步消费。

5. 常推进

沙龙结束以后，“趁热打铁”是很有必要的。一般而言，沙龙结束后两个星期内是维护客户的最好时间。客户对于沙龙内容还处于回味消化的过程，可以在这时通过短信感谢客户前来参加上次沙龙活动，通过打电话或面谈的方式对客户进行回访，并在此基础上对客户进行理财营销，加深对客户的深层次了解，进一步了解客户的喜好与金融诉求。

实际上，举办沙龙很容易，想要举办一场让宾主尽欢的沙龙，只需要走好“定主题”“邀客户”“巧策划”“妙营销”以及“常推进”这五步。就可以在维系客户关系的同时，轻易达成自己的营销目的。

拉近客户距离，与客户“交朋友”

作为高净值客户的理财经理们，在面对这些不同阶层客户群体的时候，就要拿捏好自己的度，掌握好维护客户的火候，学习和深谙这些不同客户的交际之道。不管是遇到房地产商、煤矿老板、制造业企业主、零售业掌门人还是其他更多性质的富豪们，他们的喜好都需要你细心地去了解和挖掘，哪怕是旁敲与侧击，都不失为获取这些信息的妙法。甚至有时还要制造机会，给客户“撞见”你并对你留下深刻印象的机会，即使“无事献殷勤”“投桃报李”也不为过。只是，这种炉火纯青的交际能力，不是一般人能够历练而成的。更令私人理财经理们倍感艰难的是，一个理财经理需要应付多位不同背景的高净值客户，那么每位客户都要熟悉，每位客户的嗜好都要清楚，并且及时学会或者掌握他们喜欢的事物，最终集于自己一身，真的不是一件容易的事情。

因此，融入高净值富豪这个社会群体，与他们成为朋友是一大难题。但是笔者个人认为，最难的还是如何走进或融入他们的生活圈和朋友圈，继而获得他们的认可与肯定。从长远而又漫长的服务过程来看，理财经理首先要做的是学会与高净值客户做朋友，其次是能够为高净值客户提供优质的服务，最后才是从高净值客户处获得业绩。

1. 让高净值客户认同你

理财经理都知道，给客户留下一个良好的第一印象，往往代表成功了一半。跟普通客户相比较，经营高净值客户时第一印象更为重要。因为高净值客户更看重效率，如果你不幸给他留下了不好的第一印象，下次十有八九再没有约见他的可能性了，也就无从谈起得到客户的认同和欣赏。

因此，如何给高净值客户留下一个良好的第一印象，让无数理财经理费尽心机。

如果你有幸长得英俊漂亮，气质高雅，品位时尚，那么当然要恭喜你，这是最完美的结果。不过显然，大多数理财经理都不能达到这个外形高度。那么，有一句话可以点石成金："我虽然不漂亮，但最起码我还拥有一副温暖的容颜。"

外形对第一印象固然重要，但情感的真挚比外形更重要。特别是高净值客户都是眼界比较开阔的人，即便不是阅人无数，也很少是纯粹以貌取人的轻浮之辈——别有用心的另当别论，也不是本书讨论的方向——所以，理财经理只要带着整洁大方的外表、真诚自然的微笑和眼神去拜访客户，并不难给他们留下一个良好的第一印象。

理财经理靠什么得到客户的认同？自我内在底蕴不可少。高净值客户对产品和人的辨别能力非常强，没有高净值客户会认同一个一问三不知的理财经理。广博的阅历、精湛的专业知识，都是展现人格魅力的闪光点。

一般来说，跟高净值客户谈话，用"想当年"作为情感切入点是成功率比较高的做法。因为高净值客户都自信，而且对过去的经历比较怀念。先跟他聊聊过去的辉煌经历，非常容易得到他的好感。等客户认同你了，你什么东西都可以卖出去。比如像下面这样的说法，是大部分高净值客户都无法拒绝的。

张董，您今天的成功一定是多年辛苦打拼得来的吧，很想听听您

的奋斗史啊，对我来说，也是个很好的榜样和激励啊。（话题导入）

（客户分享奋斗历程）

张董，听得出来，我也能感受得到，您在这么多年来奋斗的过程中确实经历了很多艰难与不易，最重要的是，20 年前您在创业初期也预料不到能有今天的成就吧？

张董，说实在的，人生的确有太多的不确定。就像 20 年前我们无法预料今天的富有一样，20 年后的情形同样无法预料，不知道会是怎样的情形（停顿），假如能不再面对这种不确定，那该多好。（唤起危机感）

张董，20 年前因为我们什么也没有，没有能力将自己 40 岁之前的生活做一个确定的安排，所以只能义无反顾地拼搏。而如今我们有这个能力，完全可以预见一个确定的未来。

（观察客户有没有兴趣，假如没兴趣，不要贸然切入，寻找下次机会）

张董，那究竟要怎么样才能预见一个确定的未来呢？一般人的想法就是把一笔钱存在银行。比如在银行存入 150 万元，而银行税后利率为 2% 的话，您在之后的每个月可以从银行大约支取 2500 元，确保未来的正常生活。（讨论解决方案）

如果有一天，您的孩子需要一笔大约 40 万元的创业基金，您肯定会竭尽全力地支持他吧？而如果在他的事业蒸蒸日上的关键时刻，急需一笔 30 万元的资金注入时，您一定也会尽心尽力地帮助他吧？（讨论解决方案）

人生的确有很多事情不可预知或不确定，其实，重要的是我们通过比例合理的资产配置，就能够改变这些不确定因素。

张董，如果我们把 50 万元继续存进银行，20 万元可以作为活动资金投资到股票、基金等，我们只需要做一部分的资金转入，将 80 万元转入保险公司，银行存款照常支取利息，20 万元的长期投资资产很可能带给您更高的收益，80 万元的保险资产也会产生每年 3 万元的收入。最重要的是，这笔钱是非常连续稳定的。不管将来发生什么情况，这笔资产形成的都是一个安全的现金流，我们在有能力的时候不仅可以预约一个确定的未来，而且也使得其余的资产安排后顾无忧。

上面的产品推介过程是一个经过无数理财经理实践后公认的拜访结果很好的实例，只要根据实际情况稍做改变，可以应用到大部分的高净值客户沟通中，能迅速唤起客户的认同感，从而达成产品推介的目的。

2. 要有谦虚的素质和骄傲的气质

有一次，理财经理小曾碰到一位非常特别的高净值客户。

小曾老家边上有个高尔夫球场，球场边上是一大片槟榔园。由于当地房地产的盛行和城市扩张，槟榔园的地价也疯狂地增长，园主成了名副其实的暴发户。

园主是个很有生意头脑的人。之后的几年，他做进出口生意、建筑生意、买卖生意，且都做得非常成功。

小曾吃准了他是个高净值客户，但是据拜访过他的理财经理反映，此人是块难啃的骨头——脾气暴躁、性情古怪，一些对高净值客户很有用的招，在他面前根本使不上力。

虽然这样，小曾还是决定趁回老家度假的时候试试。

小曾在高尔夫球场边上找到这位老板，他正在海滩上散步。小曾跟他见面一开口，他就骂道："你们这些人不要再来烦我好吗？买理财产品，理财产品有什么好？我这几年随便动动脑筋，转手就赚了一大笔钱！理财产品有什么用？"

小曾想继续再说点什么，但还没有开口，那位老板又说了："我家的祖辈上几代都没有买过什么理财产品，还不是一样活得好好的。不要再叫我买那种笨蛋产品了，好吗？我宁可把钱丢进海里也不买理财产品！”

这句话说得很绝。小曾也生气了。他向客户推荐理财产品，一直都本着为客户服务的心，协助对方让财富从无变有，从小有变大有，他没有对不起任何人，无须受这样的侮辱。

小曾指着海面说：“上一回有一位暴发户像你一样，也说同样的话……他说什么？他宁可把钱丢进海里也不会买理财产品。你知道他的结果是什么吗？结果是，最后他遇到经济上的麻烦，只好自己跳进海里了！”

也许从来没有碰到过这样的理财经理，这位暴发户老板愣住了，停下脚步，正眼打量着小曾。

小曾见好就收，诚恳地说：“您好像对转手就能赚一大笔钱的投资十分有兴趣，对吗？”

“嗯。”老板点点头。

“假如现在你只需要给我一小笔的钱，我转手就能为您创造一大笔的钱，您应该不会反对吧？”小曾继续说，有意无意地走上一步，跟老板并肩而立。

老板继续散步，一边故作漫不经心地问：“有这样的生意吗？”

小曾说：“是的，您看……”

就这样，小曾和这位公认超级难搞定的高净值客户说上了话。最后，这位客户把手头闲散的流动资金，都根据小曾的建议分散在各类理财产品上。

这个案例的核心在于自尊。高净值客户见惯了对他们卑躬屈膝的各种人，所以理财经理面对高净值客户，要有谦虚的素质和骄傲的气质。为客户推荐产品，不是求客户怜惜，不是乞求客户的残羹剩饭，而是帮助客户找到自己理财的不足之处，让客户更轻松地获取财务自由。所以，让客户认同且欣赏的理财经理，必然是一个自尊、自爱的人，是一个有着强大人格的独立者。

记住，老鹰不会跟鸭子飞在同一片天空。要得到高净值客户的认同和欣赏，你可以没有高净值客户那样的财富，但是至少可以跟他一样自信、自尊和自强。

3. 与高净值富豪客户做朋友

高净值富豪客户们不是那么容易接触的，每个富豪都有自己的兴趣与爱好，而且这些兴趣与爱好大多都是有门槛的，还是普通客户们难以实现的。比如，他们经常出没在自己的私人游艇、游轮上，将私人飞机当成常用的交通工具；经常出入在××俱乐部的活动会、××高尔夫球会中，而这些都是需要持有特殊 VIP（贵宾）卡才能进入的高级场所。在一般的商场与购物中心是不可能遇到他们的。这种近乎隐形于外界的生活圈子，就是彰显他们身份的、区别众人的生活场所。作为私人理财经理，可以不要求自己能长期出入这些场所，但至少在需要与富豪客户们交流沟通的时候，要具备能够进入这类场所的资格，这样才可以找到你的客户们。在找到你的客户之后，理财经理就要绞尽脑汁地思考如何才能获得你的富豪客户的认可，成为他们的朋友了。

首先，你必须培养自己广泛的兴趣，努力把自己打造成无所不知的专家，增强自己的素养。客户对什么感兴趣，你也必须热衷它；客户对什么不感兴趣，你还得颇有研究，这样，当客户在偶尔询问你的时候，可以以备不时之需。当你能够回答富豪们不懂的问题时，他们会对你刮目相看，从而被你所吸引，对你产生一种敬佩的心理，而愿意主动跟你交往。

其次，理财经理最好具备良好的口才与交际能力。什么都懂，并不表示什么都能说，什么都能说好；而这恰恰是许多作为财富管家的理财经理们所欠缺的能力。所以，在跟客户尤其是视时间为金钱的富豪客户们交谈时，必须做好充分的准备工作，在什么都懂的前提下，说出重点，说出新意。不论是介绍产品、投资方案还是与业务无关的高谈阔论，既要表达自己独特的观点，又要说得恰到好处，不至于令富豪们心生反感。

最后，关心客户身边的一切。对大多数富豪们来说，由于自己的事业很大，需要管理企业、员工、家庭、朋友等多个层面的人与事。所遇到的大大小小的烦心事一定很多。作为理财经理，不要只关心他们的资产与投资方向，而是要把控全局，事无巨细，都应该详细了解，积极分担。只要客户愿意告诉你，你就要时刻扮演一个倾听者，并提出自己的解决方案。如能做到这些，富豪们已经不再将你看作是有求于他的投资伙伴了，而是把你当成了真正的朋友。

4. 为高净值客户提供优质的服务

所谓优质的服务，不是简单的产品服务一个层面，而是涉及多个方面的。产品的服务是一方面，作为朋友的关心和服务又是另一个方面。理财经理在提供资产配置方案和资产组合时，专业的讲解是必不可少的，保持自己足够的专业度，便是在财富管理中为客户提供优质服务的最好前提；在详细介绍投资组合的理由和原因之后，尽可能地令客户的资产保值增值。在获得客户的资产管理认可之后，应随时保持关注度，如及时察看高净值客户的资金变动情况，财富升值与贬值都及时提醒，并做出应对之策。这些都是优质的产品服务的内容所在。

此外，作为朋友的服务则包含对高净值客户的公司、企业、员工管理、家人财产的管理都要及时给予关心，在他们遇到问题时及时提出自己独特的解决之法，或者施以援手，这些就是作为朋友的额外服务，也是优质服务的精华所在。如能提供雪中送炭式的支援，往往能令他们印象深刻。

某私人银行负责人服务于高净值客户的例子就是一个有效体现个性化优质服务的鲜活个案。详细服务过程如下：

某私人银行负责人通过多方努力，已经与一个拥有较大制造业工厂的优质高净值客户成为了很好的朋友。当时，有一个困扰该客户很久的问题，始终令其烦恼不已。这个问题就是每月的员工薪资发放，他们都以现金为主（主要是希望给员工避税，所以采用现金方式），然而由于大多数员工每月的薪资都不是整数，所以财务的工作量很大，而且也不好操作。这令该客户非常苦恼。该私人银行负责人得知该客户的问题之后，提出了“体验式的代发工资”的建议，而且具有可操作性，即专门为该客户所有员工发放千位以下的薪资做代发，千位以上的薪资数额仍旧发放现金（假设某员工工资为3784元，784元由银行代发至员工工资卡，3000元由工厂财务直接发放现金）。这样既没达到缴纳个人所得税的标准，也有利于减小企业财务的工作量，解决了该高净值客户的困难，令客户欣喜不已。

这个案例既包含了作为银行工作人员而提供了优质个性化的金融解决服务方案，又适时地站在了作为朋友立场而做的帮助（因为按银行规则不一定允许）。

综上所述，高净值客户都有自己的交际与生活圈子，在越来越被贵宾卡等所阻隔的富裕阶层们不一定能够快速被私人银行理财经理们所接触的情况下，理财经理们就得想方设法地缩小与他们的距离感，提升自我的实力和水平，运用各种方式尝试走进他们的生活圈、交际圈或朋友圈，甚至要被动接受和喜欢他们所喜爱的事物，努力促成自己和他们成为朋友，解决他们的燃眉之急，自然就能快速打开通往他们投资和建造的堡垒的大门。

私人银行资产配置方案

一直以来，客户资产配置就是银行业中重要的话题之一，尤其是各大私人银行更加绕不开这个议题。对于服务高端客户的私人银行理财经理来说，帮助客户打理资产，完成资产配置是必不可少的一项专业技能，然而，如何制定合理的资产配置方案呢？制定资产配置方案又需要坚持哪些原则呢？

1. 熟悉资产配置的概念

资产配置，就是指根据投资需求将资金在不同资产类别之间进行分配，通常是将资产在低风险、低收益证券与高风险、高收益证券之间进行分配。在现代的投资管理体制之下，投资一般分为规划、实施和优化管理三个阶段。投资规划即资产配置，它是资产组合管理决策制定步骤中最重要的环节。而不同的资产配置具有自身特有的理论基础、行为特征和支付模式，并适用于不同的市场环境和客户投资需求。

作为私人银行的理财经理，在为客户进行资产配置之前，需要对资产配置的几个观念做出基本而又详细的了解。首先，为什么要进行资产配置是大多数客户都希望了解的。众所周知，能够产生净现金收益的就是资产，而有些时候，资产的投入并不一定都会获得盈利。据美国曾经针对基金管理人做过的一次调查记录显示，他们在阐述影响投资绩效的原因时，有大约91.5%的人认为影响投资报酬率的主要原因均来自资产配置，因此，通过有效的资产配置，将不同的资产做理性妥善的分配，可以将风险降到最低，并能追求报酬的最大化。其次，资产配置所追求的目标其实也是非常明确的，主要可以归纳为四点：①将资金分别投资到各种不同资产类别；②长期持有及持续投资以降低风险；③达到目标报酬的一种投资组合策略；④不在于追求资产收益的最大化，而是最大限度地降低投资的风险。

2. 为客户做资产配置体检

既然做资产配置能够使得投资收益最大化，那么，私人银行的理财经理势必要对高净值客户的投资现状进行了解和分析，在协助他们打理资产的时候，尽最大努力地优化他们自己的资产配置组合，使收益更大化。然而，通过专业调研机构了解到，目前国内大部分的高净值客户都缺乏合理的资产配置方案。在常见的客户资产配置中，60%的资产都在于自住房屋，30%的资产为存款，另外10%用于个人买卖股票或其他理财产品。这样资产配置方案无论在收益性、流动性、安全性方面都不是特别的合理。原因主要有三点：①一半以上的资产不会产生回报；②现金只产生非常低的报酬率，在通货膨胀的情势下，甚至为负收益；③股票投资波动性太高，收益不稳定，赔钱概率很高。

针对这种状况，私人银行的理财经理可以为高净值客户们灌输资产配置的观念，通过检视客户的投资组合是否合理，来搭配销售金融产品。一般来说，以目标导向的资产配置模型，可以将65%的资产配置放在长期投资（包含基金定投、债券、基金、保险等）；将20%资产配置人民币现金存款，虽然利息低但需要应不期之需；保留5%～10%的“游戏钱”让自己感受股市投资的脉动。

3. 设置合理的资产配置方案

通常，客户的生活需要规划，财富需要打理，尤其是高净值客户，更加离不开做资产配置方案。因此，为高净值客户配置资产方案成为私人银行需要钻研的难题。

下面介绍资产配置的7个步骤。

（1）分类

第一步是将平常的投资理财产品，简单区分为“风险理财产品”与“无风险理财产品”。其中，风险理财产品包括股票、基金、黄金、不动产、外汇、期货、不保本的投资型保险等；无风险理财产品包括银行存款、理财产品、传统型的储蓄险、保本型的投资型保险等。

（2）分配

依照客户的年龄、投资属性、市场状况等因素，决定将多少的资金比例配置到风险理财产品与无风险理财产品中。

（3）进场

私人银行理财经理最好建议选择适当的时机进场，投资风险理财产品；而无风险理财产品的投资计划，则是越早开始越好，因为可以创造时间的复利价值。

（4）调整

根据市场的行情，私人银行理财经理应该帮助客户随时检视投资绩效，并适时依财务状况帮助客户调整资产配置计划。比如股市行情不好，黄金行情走强时，调整不同风险理财产品之间（即股票与黄金之间）的配置比例，或调整风险理财产品与无风险理财产品的比例等。

（5）转投资

将无风险理财产品所创造出来的利息或收益进行再投资，此时可以重复选择风险理财产品或无风险理财产品。比如理财产品的收益可用以基金定投。

（6）评估效果

私人银行理财经理应该注意随时评估投资的效果。如果风险型理财产品与无风险理财产品都有获利，则这种资产配置计划又会产生“交叉获利”的钱滚钱效果；反之，如果风险型理财产品亏损了，但至少无风险理财产品已经做好了保本的万全准备，日后也会有利息或年金的收入，对于整个投资计划而言，也可达到风险平衡的目的。

（7）附加价值

最理想的资产配置计划，必须涵盖保险产品，不但兼具理财的功能，也有强大的风险保障效果，防止生活被改变，这就是保险的附加价值。因此，私人银行理财经理在向高净值客户做资产配置计划时绝对不能忘记保险产品。

实用工具

高净值客户管理表单

1. 高净值客户信息管理表

表 5－2　　高净值客户信息管理表

公司：　　填表人：　　日期　　客户编号：

客户姓名		身份证号码	
家庭电话		手机	
E－mail		职务	
工作单位			
卡号（借记卡）			

产品需求						产品覆盖（√）适销产品（☆）		
贵宾卡	国债	人民币开放式理财	人民币封闭式理财	基金	定投	保险	网银	第三方存管
实物黄金	信托	PE（私募股权）	存金通	贷记卡	个人贷款	其他		

家庭情况	资产结构

历史成交记录

日期	产品	销售量	到期日	备注

续 表

<table>
<tr><td colspan="6">历史联络记录</td></tr>
<tr><td rowspan="2">日期</td><td rowspan="2">联络方式</td><td rowspan="2">联络摘要</td><td colspan="3">跟进安排</td></tr>
<tr><td>日期</td><td>跟进方式</td><td>意向产品</td></tr>
<tr><td></td><td></td><td></td><td></td><td></td><td></td></tr>
<tr><td></td><td></td><td></td><td></td><td></td><td></td></tr>
<tr><td></td><td></td><td></td><td></td><td></td><td></td></tr>
<tr><td></td><td></td><td></td><td></td><td></td><td></td></tr>
<tr><td></td><td></td><td></td><td></td><td></td><td></td></tr>
<tr><td></td><td></td><td></td><td></td><td></td><td></td></tr>
<tr><td></td><td></td><td></td><td></td><td></td><td></td></tr>
<tr><td></td><td></td><td></td><td></td><td></td><td></td></tr>
<tr><td></td><td></td><td></td><td></td><td></td><td></td></tr>
<tr><td></td><td></td><td></td><td></td><td></td><td></td></tr>
<tr><td></td><td></td><td></td><td></td><td></td><td></td></tr>
<tr><td></td><td></td><td></td><td></td><td></td><td></td></tr>
<tr><td></td><td></td><td></td><td></td><td></td><td></td></tr>
<tr><td></td><td></td><td></td><td></td><td></td><td></td></tr>
</table>

使用说明：

理财需求：将理财需求的产品分为产品覆盖、适销产品两大类，根据客户特点进行标记。

家庭情况：记录客户的个性化信息，包括家庭情况的个性化信息。

资产结构：分析客户在我行所有的资产占比情况。

历史成交记录：记录客户在我行所有购买产品的成功成交记录，根据项目内容进行填写。

历史联络记录：记录客户维护、跟踪服务的每一次联络记录，根据项目内容进行填写。

2. 高净值客户行为调查问卷

表 5－3　　高净值客户行为调查问卷

调查对象	针对已购买过信托、理财等固定收益产品高净值人士
调查目的	充分了解高净值客户区域分布、年龄、性别、职业、日常喜好、投资习惯、投资年限等情况。 针对信托业务，了解高净值客户的关注热点、信息获知偏好、营销方式偏好、会员服务需求等情况。 以解决公司明确目标客户、了解目标客户、服务目标客户等问题，为制订客户关系战略规划提供依据
产品端	根据行为调查了解客户对于产品各标准的真实需求，作为获取产品标准的参考依据
营销端	根据行为调查了解客户对于营销手段方式的接受程度，作为制订营销方式的参考依据
服务端	根据行为调查了解客户对售前、售中、售后各阶段服务要求，作为制定会员服务体系参考依据
调查内容	(1) 您是否购买过信托或类信托产品？□是 □否（调查终止） (2) 您在过去 2 年曾进行过的投资标的有哪些？(多选) □证券股票　□信托资管　□阳光私募基金　□私募股权（PE） □艺术品、酒类　□公募基金　□商品或股指期货　□房地产、商铺 □黄金　□其他________（填写） (3) 您是什么时间开始投资信托产品的？ □2007 年以前　□2007—2010 年　□2010—2014 年　□2015 年 (4) 您用于投资信托/资管产品的资产量占您可投资资金的比例是？ □5% ~ 20%　□20% ~ 40%　□40% ~ 60%　□60% ~ 80%　□80% 以上 (5) 您目前尚在存续期中的信托/资管产品总金额是多少？ □100 万 ~ 500 万（含）元　□500 万 ~ 1000 万（含）元　□1000 万 ~ 2000 万（含）元　□2000 万 ~ 5000 万（含）元　□5000 万元以上 (6) 您购买信托产品的频次是？ □每两年 1 次　□每年 1 次　□每年 2 ~ 3 次　□每年 3 次以上　□其他________（填写）

续 表

	(7) 您选择信托等固定收益理财产品最主要的理由和原因是什么? □收益率较高 □投资安全性较高 □可投资领域多元化 □收益免税或避税优势 □信托财产隔离性（企业或个人破产无法追讨）□专家理财 □省心省力 (8) 您对信托、基金资管等固定收益理财产品的最重要的关注点是什么? □收益率水平 □风险措施 □起始金额 □期限 □投资方向 □信托公司实力 □融资方实力 □担保方情况 □还款来源 □项目所在地 □抵押质押率 □收益分配方式 □其他________（填写） (9) 您如何看待信托产品的安全性? □刚性兑付无风险 □固定收益低风险 □存在一定风险性 □不确定，不好说 □其他________（填写） (10) 您对信托产品的投资购买流程熟悉度如何? □可独立完成购买 □需要专业人士引导 □需要专业人士陪同 (11) 您通常通过以下哪种推介渠道购买信托? □第三方理财机构 □银行 □信托公司 □其他________（填写） (12) 您通常习惯以哪种方式获取了解信托信息?（多选）: □微信微博 □参加论坛沙龙 □手机短信 □客户经理致电 □电子邮件 □自行网上搜索 □报刊电视 □阅读书籍 □主动联系私财顾问 □朋友推荐或询问朋友 (13) 您希望在信托投资购买中获得以下哪些服务?（多选） □理财专家在线交流 □信托定期研究报告 □方便的选购流程 □信托存续期管理 □定期沙龙论坛活动 □专业体检 □其他____（填写） (14) 您是否会选择用移动互联网金融平台（手机端、平板电脑端）了解、管理和购买信托?（多选） □用来选购产品 □用来了解信托信息 □用来管理已购买信托 □不考虑 (15) 您通常会通过微信工具关注哪些资讯内容?（多选） □新闻 □财富管理知识 □生活时尚 □人生感悟 □旅游度假 □体育赛事 □娱乐事件 □企业管理 (16) 您的性别是? □男 □女 (17) 您的年龄是? □20~30 岁 □30~40 岁 □40~50 岁 □50~60 岁 □60 岁以上

续　表

	(18) 您的职业归类属于哪一类？ □私营企业主　□企业中高级管理层　□公职人员　□专业投资人 □自由职业者　□全职太太　□退休　□其他________（填写） (19) 您日常的兴趣爱好和休闲有哪些？(多选) □古董收藏　□戏剧歌剧　□旅游度假　□博物展览　□饮食文化 □健康沙龙　□香车名驾　□书刊阅读　□钓鱼　□园艺　□野生动物/大自然　□古典音乐　□流行音乐　□运动健身　□高尔夫球 □水上运动　□足球　□网球　□滑雪　□赛车　□游艇　□其他______（填写）

第六章

售后服务可以创造利润

顾客都是上帝，已成为行业内的宗旨。做好售后服务工作，不只要让顾客觉得产品让他满意，还得要让顾客觉得我们的服务也让他满意。做好售后服务，也可以创造更多的利润。

金融产品营销始于售后

对于金融产品销售来说，做售后才是真正营销的开始，理财产品售后服务怎样做呢？流程大致如下所述。

1. 建立客户个人资料

对客户的资金规模、追求的投资目标、投资习性等进行描述，据此有效分析对客户采购决策的影响。依据客户特性需求全方位跟进营销。具体分析如表 6－1 所示。

表 6－1　　客户需求特性分析

项目	客户特性	客户需求	客户经验
描述			
购买决策的影响			

要依据客户特性需求推荐产品，就是要因人而异，面对不同客户运用不同的销售策略与技术：对没有理财观念的客户，要通过沟通加强教育；对于有理财观念的客户，要强力鼓舞对方行动。

2. 理财经理专业度与客户关系

在理财产品的销售过程中，同样少不了理财经理的主动、热情、积极的服务，同时，还要给客户以专业的引导、分析和规划，才能尽快取信于客户。

3. 投资组合规划

结合不同产品的投资组合进行差异性价值分析，从客户利益出发，制订合理的规划方案供客户选择，所设计方案要结合客户的实际情况，要能充分激起客户的购买动机。比如，对于寻求安全投资的客户，就可以推荐保本型基金，当投资者在持有该基金到期后，按照期末基金净值计算的可赎回金额加上期间分红总额不低于其投资金额，这里的投资金额包括起初净认购金额加上认购费用。

4. 理财规划销售技术

我们通过一个实际的问题来讲述理财规划的销售技术，当你向客户推荐金融理财产品的时候，如何来设计客户的人生理财规划呢？我们可从以下几个方面着手。

（1）资产状况

这是是否向客户推荐理财产品的关键。只有对客户的资产状况评估过关，才能进行下一步的销售工作。检视客户的资产状况，主要有三个方面，即通过对客户资产的检视，为客户提供评估建议，看客户能投入的理财资金规模大小。

（2）目标设定

理财经理的另一职能就是要帮助客户确认理财动机和理财目标，设定一套具体的可计量的目标，目标的内容主要包括：可以动用的资金额度；止损点，即客户能承受的基金指数下跌的最低范围；投入现金量占客户资产的百分比，确定要保留的现金数额；自有资金比例；设定初步的投资报酬率和投资周期。

（3）风险管控

风险管理是理财金融产品的一大特点，要做好合理的风险管理，理财经理须注意以下内容：了解客户的投资个性，确定其风险偏好；了解客户的风险承担能力，也就是客户能承受的最大心理损失；建议采用“三三制”进行投资理财，确保投资组合的平衡合理；避险观念，切记不要把鸡蛋放在同一个篮子里，避免一损俱损。

（4）策略规划

投资理财的策略规划是针对具体的金融产品制订的，理财经理在帮助客户制订策略规划的时候，应遵循以下原则：帮助客户规划战略性的资产分配计划，细分资金用途，便于选取投资组合；依照客户的资金规模和风险承担能力，确定出资金的用途比例，决定如何分配资产，如确定有多少资金可用作银行储蓄，有多少资金可以用于投资基金，有多少资金可以用于购买理财等；选择投资标的，同时，还要选择理想的投资时机。

（5）投资绩效追踪

当客户选择了产品组合进行投资后，理财经理要帮助客户进行投资绩效的追踪，以尽可能提高投资绩效。进行投资绩效的追踪应把握以下几点：必须协助提醒客户做好动态管理；投资绩效管理，帮助客户评估公司或信托公司官网上公告的产品收益情况或说明书的变化情况；依据报表决定该项投资是加码还是减码；量体裁衣，为客户提出一套理想且个人化的理财规划。

（6）理财规划建议

根据客户信息给出的理财规划建议，站在客户的角度考虑，给出切实可行的建议，例如，建议客户保持×万元的活期性存款应付日常支出，以备不时之需；债券基金具有低风险和稳定收益的优点，建议客户购买全球型债券基金×万元；如果客户的投资意愿非常强烈，建议用1/10的资金投入股市；建议客户增购分红型理财，因为当前客户的理财总额不足以应付风险管理。

一个优秀的理财规划必须要结合消费者个人的特点，在实际的设计过程中要充分了解客户的个人信息，以完善理财规划。

老客户的维护和营销

从专业角度分析，银行的所谓“老客户”就是指在网点办理过3~5项甚至更多业务的客户，即指产品覆盖率较高的客户，这类客户对银行的黏性也更高，他们很少轻易地离开网点，因为这类客户已经熟悉怎样操作我们的手机银行、网上银行等电子渠道类产品，同时也习惯于去网点咨询近期的理财产品并选择是否购买。一般来说，“老客户”就是指经常来网点办理业务的客户，理财经理常常见到或为他们服务，甚至对有些客户的家庭与工作情况都了如指掌。如果足够幸运的话，理财经理还可能成为他们生活上的好朋友。

前文我们谈到做感情事业，不做利益文章。按理说，跟客户熟络了，是不是营销就更简单了呢？理论上是，但现实中却恰恰相反。笔者发现理财经理们单纯地用情感来维系的“熟悉”，甚至都不好意思开口与这些“老客户”发生产品销售关系，导致服务和营销老客户反而成为理财人员的难题。然而，如果你不主动出击，今天可能是你的老客户，明天可能就变成他行的老客户了。

开拓新客户前，要优先巩固好老客户的关系。

许多银行将厅堂营销战略定位为“阵地营销”“开拓潜力客户”“发掘陌生客户”，有针对性地举办一系列培训和辅导后，执行了一个阶段，发现效果甚微。

留住一个老客户远比发掘一个新客户容易得多。实际上，厅堂营销需要“两手抓”，一方面将开拓新客户纳入到日常工作中去，进行定计划、定时、定量开拓客户；另一方面也要使我们厅堂的“老客户”变成我们业务上真正的老客户，将这些辛苦开拓回来的客户留在网点。现在面临的问题是大家都习惯了与陌生客户打交道，反而无法与老客户开口。因此，当网点急于开拓新客户时，首先要尽可能地把老客户的关系巩固好，营销和服务都要做到位。

一次，网点来了一位中年男士，这位男士家里有两个孩子，一个孩子已经上班，另一个孩子还在上中学。他经常到网点办理业务，是网点的VIP（贵宾）客户，理财经理和他也非常熟悉。

理财经理从该男士一进门就迎了上去，从嘘寒问暖一直聊到近期投资、孩子升学等问题，双方聊得很投入，可以说无话不谈，相当投机。可是，当笔者希望理财经理能把网点近期热推的一款产品介绍给他时，理财经理却犯难了。原来理财经理和该客户太熟了，不太好意思做产品营销。

经过笔者的劝说和她自己几番激烈的思想斗争之后，理财经理还是鼓起勇气上去进行了一次营销，实现了突破，而这次营销也成了该行一次经典的实战案例。

理财经理：李叔叔，请您看看，这个是我们行比较好的理财产品（基金定投）。

客户：噢，我看看，以前怎么没听你说起过。

理财经理：哈哈，这不现在拿给您看嘛！（理财经理面露不好意思）这是零存整取的一种方式，您可以给自己的小女儿买一份啊，相当不错的，从她小时候开始给她存钱，一方面比较有纪念意义，另一方面也让她自小就有理财的观念，同时还可以让她感受到您对她的关爱。

客户：那还挺不错的，我原本就想给她买一份保险呢！这种产品也分期交和趸交吗？

理财经理：您可以每月都存，在您这张卡上定期扣款。

客户：一般都存多少呢？

理财经理：500～1000元吧。

客户：什么时候开始存呢，我今天来转账的，到我的号了吧……

理财经理：是的，您应当先办理自己的业务。

（客户第二天再次来到网点办理业务，理财经理又一次上前服务客户并尽可能不提及前一日的产品。)

理财经理：今天外面的天气这么热，您是步行过来的还是开车过来的呢?

客户：天气确实挺热，我家距离这不远，我就走路过来的。

理财经理：没有要紧事多走走对身体也挺好的。今天谁送您的小女儿上学呀?

客户：她妈妈送去的，反正也没多远。

理财经理：是的，她好像最近又长高了呢！前天她与您一起来办理业务的时候还跟我比个头呢!

客户：是长高了，孩子个头都长得快！对了，我昨天想办了，后来我办完转账业务没看见你，就先走了。基金定投我想先每个月存进去3000元吧，如果收益不错，我想每个月存1万元。

理财经理：3000元？（理财经理很惊讶的语气）我看您还是先存1000元吧，我一个月才存500元呢。

客户：那实在太少了，我现在每个月开销都有3万多元，如果只是存几百块我就不买了。

理财经理：哈哈，那好的，您跟我到理财室，我们为您首先做一个风险评估测试。

客户：好的。

这位理财经理在这次实战训练中收获颇大，不仅收获了效绩，而且还收获了自信与实战经验。在后来的夕会与销售会议中，她反复强调最多的一句话是“原来这么简单，比我想象的简单多了”，并且在每次讲述到客户当时嫌买得太少时，都觉得可笑而又不可思议。

在理财经理与客户的沟通中，我们能够发现理财经理与客户非常熟悉，了解客户的家庭成员情况，并且在介绍产品上也有一些独到的优势。现在许多理财经理有时候缺少的不是营销技巧，而是面对老客户营销的勇气。当你将营销完全变成了营销，那么必将是失败的，因为客户感受到的是冷冰冰的产品。而当你将营销和服务以及生活上、工作上的关心巧妙地融合在一起时，你就会发现营销的过程会变得十分顺利，这就是为什么笔者在第二天请理财经理在上前营销时尽量不要提及产品的原因。

这位理财经理本身具备不错的亲和力，日常维护这些老客户都做得面面俱到，不仅热情而且相当贴心，如果能掌握一些专业的理财知识与营销技巧，那就锦上添花了。在这一案例中，因为这位客户每天都会来网点办理业务，因此理财经理就此判定他属于网点的忠实客户，但事实上，客户的存款随时可能因为他行提供的更好的产品所移动，因此，理财经理也必须学习怎样来经营老客户，当然，最好首先赢得今天的客户，才能去发展明天的客户。

那么，如何才能维护好老客户呢？一般地，维护老客户需重要关注以下 4 个关键点。

1. 保持积极的心态

失败者与成功者之间最大的差别就是拥有不同的心态，积极的心态就是自信并享受工作。当你抱着积极的心态去应对客户，客户便自然而然地感受到来自你的强大气场。自信与勇气是理财经理营销老客户成功的关键。

2. 建立利益

这里所说的建立利益并非指相互获取金钱往来的利益，而是我们首先应该给客户带来利益的关系。创建这种利益关系的前提是给自己“三个角色定位”，就是指我们是客户的顾问、客户的朋友以及客户问题的终结者。当理财经理将自己准确定位后，就应该尽快融入这个角色当中去，带给客户最大的利益。这里要特别声明的是，好不容易建立起来的熟悉关系，并不是一到完不成业绩指标时你就皱着眉去找客户求助，而是让客户知道购买这款产品究竟会获得怎样的收益。这也属于“三个角色定位”的意义范畴，无论哪种角色，其目的都是为客户提供帮助，虽然最终的目的是一样的，不过，对于长期维护你的老客户，营销过程自然更加重要。

除此以外，还有一点需要注意，那就是在与客户的沟通中应当适时提及你所知道客户的一些信息，帮助他们来选择与他们实际情况相匹配的产品，会让客户感受到你是因为了解他的情况才将这款产品推荐给他，这将是你推进营销进程的最好利器。

理财经理：你应该考虑办一张这种信用卡。

客户：我已经拥有很多信用卡了，你之前不都知道了吗?

理财经理：是的，我知道。只是你说你现在常常用××牌护肤套装，用这个信用卡购买××牌护肤套装产品可以在商场里为您打8折哦！而且您还属于敏感皮肤，就不要来回换牌子了。刚好这个能打折，我一直帮您留意着呢。

客户：真的呀？那太好了！赶紧给我办一张。

理财经理：让你姐姐也办一张吧，上次她还问我有没有打折卡呢！如果她明天下午过来，我就帮她办。

客户：好的，谢谢你啦！

从这一案例中，我们就可以清晰地发现理财经理在整个与客户沟通的过程中三次提及有关客户的信息，并能将这些信息适时地运用到信用卡营销中。客户就能够感受到理财经理的确非常在意她所说过的话、她习惯用的产品、她的肤质乃至她家人的情况。这样做，一方面提高了营销的成功概率，另一方面也让客户产生亲切感与安全感。在对老客户的营销过程中，我们已知的信息便是我们的最大优势，怎样将这些已知的信息柔和地转变成你最好的话术，这就需要考验理财经理平时的信息积累了。

3. 长期跟踪

营销成功只是第一步，最要紧的是如何做好第二步，为接下来的营销做好铺垫。保持长期与客户联络的关系，特别是熟悉的客户，客户购买产品后最关注的就是售后服务。售后服务的好坏直接影响着下一次营销的成功或失败。以前，很多理财经理会对自己的专业性无法满足客户的后续需求有所顾虑，事实上，客户并不一定需要非常专业的指导，客户更在意的是你有没有关注他，有没有在他购买完产品后享受你一如既往的热情服务。如果你暂时无法成为一位专业的指导者，那么就当一名倾听者吧，把客户对产品的疑问一一记录下来，再邀请理财经理电话回访或面访，这样不仅能够提升客户的满意度，而且也增加了服务客户的机会。

除此以外，还需要注意的是，在为你熟悉的客户推荐产品的时候，如果因为诸多原因最终失败了，接下来的一段时间里将会是你与这位客户重要的时期，客户也会因为他没有购买产品而对你产生“内疚”心理，理财经理过多的关注或者放弃的态度都会让客户对你甚至对你所服务的公司越来越疏远，这时你应该一如既往地服务好客户，错失一次机会不可怕，可怕的是你再也没有了机会。

4. 不碰底线

千万不要认为你与客户熟悉后就可以肆无忌惮地去触碰客户的隐私，当你对客户的隐私了解更多时，这反而成了一把“双刃剑”，一面是让你更贴近客户的武器，另一面是斩断你和客户关系的利刃。

有一位资深的理财经理把自己的理财经验总结成“三不”原则：“不提及、不议论、不批判”。换句话说，首先，理财经理在与客户沟通时尽可能地避开客户的隐私，因为有些隐私一旦触碰是不可挽回的。其次，不要随便非议客户的事情，你的观点大多时候与客户的想法并不那么契合，很可能给客户留下不良的印象。最后，不要对任何关于客户的事情进行恶意批判，哪怕你发现客户在言语表达上对某些人不满，也需要保持中立的态度。客户对你或对公司的考验无处不在，理财经理的一言一行都与公司的形象息息相关。

我们常常会对陌生的客户十分客气，而忽视了身边熟悉与亲近的客户，以至于让这类客户成为我们身边最熟悉的陌生人。当你开始一天的工作时，时时刻刻让自己保持热忱的态度，尽可能地赢得今天的客户，然后再去发展明天的客户。

售后跟进：让老客户介绍新客户

一些有经验的理财经理通常都会懂得利用好老客户的人脉渠道。而要想让老客户为自己介绍新客户其实也并非难事。一旦老客户对你和你所推销的理财产品都已经非常认可了，那么他们将自己认可的理财产品与身边的亲戚、朋友分享也在情理之中。有的理财经理总是不敢向客户开口，怕遭到客户的拒绝。其实，这种顾虑是完全没有必要的。

换种角度去思考，如果你是一个消费者，你对购买的产品相当满意，那你肯定会推荐给自己身边的朋友和家人，让他们认同你的选择。所以，只要你时刻为客户提供好的产品、好的服务，让客户用得放心，取得了客户的信任，他们一定会愿意给你介绍新客户的。

不论何种方式的销售，不外乎四个阶段：约见客户；和潜在客户讨论合作意向；成交；售后服务。其中如果约见十个客户，大约会有三个愿意继续讨论合作意向，最后可能会有一个成交，其比例约为10:3:1。

所以，为了保证持续产生订单，理财经理需不断地补充新的潜在客户，同时也要不断地把老客户往前推进，产生新的订单。而通过老客户带来新客户，则是发现新的潜在客户的良策之一。

根据美国销售协会统计，一个理财经理在他销售产品的头两年，有75%的时间花在开发新客户上，花在销售上的时间只有25%。但两年后，两者的数字开始发生变化，最后开发新客户的时间不超过25%，这是因为该理财经理已经可以通过老客户来开发新客户，不仅节省了时间，而且大大提高了业绩。

如何通过老客户带来新客户呢？可以通过以下几步进行。

1. 请老客户推荐新客户

找适当时机要求关系良好的老客户为产品填写产品感受、服务评价等，或直接写推荐信，让他们为你推荐新的客户，当然这时候可以给客户送一份精美礼品作为推荐人的奖励。

对于关系非常好的老客户，可以直接让他们提供新客户的名单，甚至可以让他们帮忙做宣传，但是这样的老客户并不是很多，而且也显得太生硬。可以采取一些委婉的方式，更好地获得新客户的资料。

理财经理小许，经常采用这样的办法来获得新客户的资料。

小许给老客户递上新产品信息，说："这是我们最近新推出的理财产品，您看一下。"

客户接过单子，看着。

小许递上一支笔："请在您感兴趣的产品前面打上钩好吗？请放心这不是要您购买，只是我们内部做的一个统计，让产品开发者了解有多少客户愿意拥有该产品。这样做是为了让我们更好地推出适合客户需求的产品。"

这种情况下，客户一般不会拒绝，或多或少会在产品目录上选一项或者几项打个钩。

小许继续说："太好了，我看您选择的都是我们此次推出的特色产品呢。我回去就把详细资料快递过来，您可以深入了解下。有什么需要我们再联系。"

客户表示感谢。

小许做出打算告辞的样子，但又突然想起什么，说："对了，我想像您这么有眼光的人，肯定人缘很好。可能您的朋友或者同事也会对此类产品感兴趣，没准儿他们现在正需要这样的产品，但还不了解情况。如果您觉得身边有这样的朋友，我可以免费为他们送上一份产品目录。”

客户沉吟了一下：“×××可能会感兴趣，不过我不敢保证。”

小许说：“没关系，不介意的话请把他的联系方式给我，我会为他提供最专业的服务，就像为您做的那样。”

客户写下联系人的电话号码。小许正式告辞。

在这样的面谈中，因为老客户对理财经理已经比较熟悉，所以戒心不重，而理财经理并不直接向客户推荐产品，而只是以类似调查的方式与客户交流，就让客户更加放松。会谈快结束时，是客户心理最放松的阶段，此刻杀个“回马枪”，仿佛只是突然想到似的，让客户推荐朋友，成功率非常高。客户也很难承认自己人缘差到连一个同类的朋友都没有，一般即使是应付，也会愿意写下一两个人。因此，获得新客户的第一步就完成了。

2. 了解新客户的基本资料

拿到推荐客户名单后，尽可能地了解推荐名单的详细资料。如果有机会，可通过推荐人了解新客户的详细资料——姓名、性别、年龄、文化、职务、电话、所在公司、收入、兴趣、爱好以及相关业务状况等。但是，有时候过多向老客户打听新客户的资料，会引起老客户的反感，所以要适当运用，不可过度。

一般情况下，掌握了新客户的基本资料，就已经可以开始电话邀约了，因为其他个人情况完全可以在发展该客户的过程中继续了解，也可以避免先入为主或者人云亦云。

其实，能够得到老客户的推荐，已经是拿到了开发新客户的敲门砖。比如这样的开场白，是很少有人能够拒绝的。

理财经理：“××先生吗？您好。我是应×××先生的推荐，特

地给您打这个电话的。”（这里要说老客户的全名，让新客户一下就想起来）

新客户：“噢，什么事？”（熟人效应开始发生作用）

理财经理：“我是××公司的理财经理，我叫×××，一直为×先生打理他的家庭理财业务。昨天他提起，您可能会对我们新推出的一款理财产品感兴趣，所以就把您的联系方式给我了。您看什么时候方便，我把产品资料送过去，您了解一下怎样？您买不买都没有关系，×先生的情意我总要为您送到的。”

面对这样的要求，新客户基本不会拒绝，但是也有的客户会这样说：“好啊，你快递到我公司就好了，地址是……”

理财经理：“太巧了，我这两天刚好在负责您公司所在的那一片区域，您说个时间我捎带着就送过去了，保证比快递快。而且我可以用三分钟时间为您讲解为什么这个产品适合您，这可是快递员做不到的噢！”

新客户：“也好，那你下午三点以后过来吧。”

到这一步，就可以进入常规的产品推介流程了，而且由于有老客户存在，成交的概率比新拜访的客户要高很多。

3. 向老客户反馈信息

迅速与推荐人联络，将结果告诉他。因为推荐人有时比理财经理更急于了解他所推荐的名单是否有价值，你与他所推荐的客户商谈情况如何等，所以要将情况“通报”给他。

不论这名新客户是否答应会面，都不要忘了表示感谢。比如，新客户答应会面了，理财经理可以这样说：“×先生，您真是太有面子了，您的朋友一听说是您推荐的我，二话不说就同意看看产品。我下午就把具体资料给他送过去，一定为他提供最合适的产品和最优质的服务！您朋友一定会感谢您给了他这么好的管理财富的机会。”

如果新客户拒绝会面——这种情况还是存在的。理财经理可以发动老客户帮忙："×先生，我今天已经跟您的朋友联系过了，不过××对您为他精心选定的理财产品似乎不感兴趣。这是怎么回事呢?"

一般乐于为理财经理推荐客户的人，大多有个热心肠，所以客户很正常的反应会是："不可能，我最了解他了。肯定是觉得你在搞推销。没事，我等下给他打个电话问问情况。"

根据经验，这种情况下，老客户肯帮理财经理打电话的概率是50%。成功之后，别忘了"犒劳"一下老客户，送上一份贴心的小礼物，让他感受到助人为乐的喜悦和利益。这样，下次他会更热情地为你推荐新客户。

如果老客户也不肯帮忙，怎么办呢？没关系，要是你真的努力了，却没有产生实际效果，那就先把这位新客户从A类调整到B类或者C类，保持适当的联系就行了。然后继续行动，开拓更多的新的准客户。

售后用心，就能巧妙挽留客户

在理财经理的日常工作中，客户资产转移和客户流失是最让理财经理们头疼的事情。即使我们的日常维护工作已经到位，仍然时常会出现熟客流失的现象，通过下面的案例，让我们看看某银行的理财经理是如何应对的。

客户刘阿姨是某机关的退休干部，理财经理小王经常为刘阿姨推荐理财产品。小王是客户刘阿姨的专职理财经理，与刘阿姨相识已两年多。新产品发行、理财产品到期、银行的各项优惠活动，小王都会第一时间通知客户，这不，又一期的理财产品到期了，小王正在拨通刘阿姨的电话。

小王："刘阿姨您好！我是小王，您在忙吗?"

刘阿姨："是小王啊，我正准备出门买东西呢，有事吗?"

小王："上次的理财今天下午就到期了，有空您过来我再帮您选选好的产品。"

刘阿姨："行，我正好想问问你是不是快到期了呢，明天我就过去。"

小王每次有理财产品到期都会进行主动外呼，一方面这样的服务能够让客户知道小王在一直想着自己，感觉更加贴心；另一方面能够让客户资金一直在公司的账户里面固化，并且适时推介新产品。这次电话挂断后，小王便着手准备明天的营销资料。该客户属于稳健类客户，而且退休后有稳定的收入来源，其子女工作稳定，在2007—2008年股市行情好的时候，购买了股票型基金，但一直被套，所以目前购买产品较为单一，经过长时间的沟通，小王了解到其实客户还是希望投资资本市场的，只是因为"恐惧心理"占据了上风，而且理财知识又相对匮乏，所以一直"望而却步"。于是这次小王的营销目标就是：保本类（保险或保本基金）产品及基金定投。

次日上午，刘阿姨来到了营业大厅。

小王："刘阿姨，您过来了啊。"

刘阿姨："小王啊，刚才看见你忙着，就没跟你打招呼，刚才在柜台上查了查，那个理财已经查到了，阿姨正好用钱，那30万元就取了。"

小王："啊……是这样啊。那好，您注意安全，等您用不到钱了，我再给您推荐好的产品。"

刘阿姨："行，你别送我了，再见。"

一直循环着买理财产品的刘阿姨从来没有提过用钱，这让小王瞬间大脑"短路"。显然，客户的资金流出是小王最不愿意看到的情况，但既然客户已经把钱取出，当时已经很难将客户挽留住，小王考虑着下一步的计划。当日下班后，小王再次对刘阿姨进行电话外呼。

小王："刘阿姨，您好，本来我已经帮您留了一只收益不错的理财产品，今天白天客户比较多，也不方便问您，记得您说儿子快结婚了，这次用钱是不是您儿子结婚用啊？”

刘阿姨：“对啊，我儿子下个月结婚，这不，现在结婚又是酒席，又是彩礼，花钱还真不少呢。昨天你给我打电话的时候，我正准备去买东西呢，哎哟，你们年轻人工作忙、时间紧，我和我老伴就是‘采购员’啊，隔三差五的就得出去买东西，这喜婆婆和喜公公可不是那么好当的啊。”

小王：“嗯，您哪天的喜事？到时候别忘了叫上我去给您贺喜啊。如果到时候人手不够您就叫我去帮忙就行。”

刘阿姨：“好，就在下月 18 号。你别说，阿姨还有个事想叫你帮忙呢，你看那天能不能帮我来收个喜钱，你们干银行的点钱专业，阿姨也放心。”

小王：“好啊，没问题，我也沾沾喜气啊。”

放下电话的小王眼前一亮，营销机会终于来了，本来担心客户转钱走的紧张情绪一下烟消云散了。通过本次回访，了解到客户的资金是用于婚礼，可能不会都用上，而且按照本地习惯，大部分资金可能会以喜钱方式回流。估计其儿子的婚礼结束后，家里基本上没有什么大的开销了，刘阿姨那么疼孩子，肯定会将收回来的喜钱留给孩子的，所以下一步的销售就会比较顺利了。

次月 19 日，刘阿姨来到营业厅存钱。

小王：“刘阿姨，昨天累坏了吧？不过这婚礼可太棒了，新郎帅、新娘美，而且昨天看您和叔叔都高兴得合不拢嘴了，真替您家高兴。”

刘阿姨：“哎哟小王呀，实在太谢谢你了，占用了你的休息时间了。昨天和你一起收钱的家人告诉我说你的服务态度可好了，而且很标准，让客人感觉好像在你的银行办业务似的，一看就是标准的服务。要说还是银行员工的素质高，无论什么时候都那么热情。昨天一忙活，也没照顾好你，改天阿姨一定请你吃饭啊。我今天把收来的钱存到银行卡上，待会儿来找你啊。”

小王：“阿姨您太客气了，您存完钱过来找我吧。”

十分钟后，刘阿姨存完钱，来到小王的柜台前。

小王：“阿姨，您钱先放在活期上了吧！您想做个什么样的理财啊？”

刘阿姨：“我这不是想和你商量一下吗，这个钱虽然是我收的，但是还是想留给孩子。你帮我看看这个钱怎么存比较合适？另外上次取的30万元也没有都用上，还剩几万块，今天我也一起存上了。”

小王：“这部分资金您现在都不用了吗？那我建议您就不要像以前一样买短期理财产品了，因为那样收益率其实并不算高。”

刘阿姨：“是啊，而且总是来回折腾，太麻烦了。你有什么好的建议？”

小王：“嗯，如果想最终留给孩子，您可以拿出一部分资金来买一份银保产品，受益人就写孩子的名字，五年以后这个钱就自动成为孩子的了，而且还能带给您和家人一份保障。详细情况我给您介绍一下。”

于是小王利用专业知识，介绍了这款产品。刘阿姨似乎动了心。

刘阿姨：“小王，你讲的我明白了，这款保险还是挺适合我的，反正这钱是留给孩子的，安全性最重要。同时还能送给孩子一份保障，挺不错的。就是分红有点不确定啊！”

小王：“阿姨，您的顾虑我可以理解。保险公司的分红都是根据上一年的盈利情况所决定的，所以确实不是固定的。但咱都清楚‘保险保险，保障第一啊’，而且保险从来都不是‘锦上添花’，却是‘雪中送炭’的。每一款产品都有自己的独特之处，您的基金股票可以帮您挣钱，保险的主要功能就是保障呢。”

刘阿姨：“一说基金我就愁啊，我那些基金还亏着呢，哪儿挣钱啦！”

小王：“您别急啊！您还记得我常给您说的基金定投吗？以前您

一听与基金带边的您就拒绝，那现在我给它起个名叫‘解套计划’，您就应该感兴趣了。”

刘阿姨：“怎么个‘解套计划’啊，说来听听。”

刘阿姨一步步走进小王设下的“套”，于是小王通过变换名词的方式与客户进行产品沟通，利用数据分析帮刘阿姨筛选基金。

听过小王介绍的“解套计划”，刘阿姨对这非常感兴趣，于是就说：“小王啊，那我就明白了。反正每个月的退休金都有富裕，拿出来做点这个还是没问题的，那你可得费费心，帮我留意着啊。哪个基金解套了咱赶快出再买好的啊。”

小王：“好嘞，您放心，我一定平时帮您多留意，每周给您发一次净值短信吧！”

刘阿姨：“行，那今天就先做10万5年的分红保险和基金定投吧！剩下的钱嘛我就现学现用，你再给我推荐一款基金吧，就用你教给我的定投方式买，一周扣一次，这样风险也小，不是吗?”

小王：“阿姨您太厉害了，正好这几天大盘波动，用定投的方式是最明智的选择。”

通常，客户大量资金的取出对于理财经理的工作来说几乎是彻底的否定。很多理财经理会在心中把客户“拖黑”。但是，上帝关闭一扇门，就会为你打开一扇窗。客户的每一次大额取现一定伴随着某个特定事件的出现，这些事件往往会触发客户金融需求的改变。

作为一名合格的理财经理，这时候一定要有灵敏的嗅觉去发现客户新的需求。我们要利用以往与客户的紧密关系，继续跟进客户，把深度维护做到掘地三尺，通过情感牌套牢客户。理财经理们一定要相信，“金融帝国主义”的今天，客户每天的生活都会与金融密不可分，只要我们维护到位，无论客户资金是什么状态，客户终将会一直围绕在我们身边，为我们带来利益。

找到客户拒绝你的原因

理财经理经常会遇到这样的问题，为老客户介绍了很多投资理财产品，可是客户就是不买账，怎么办呢？

1. 找准客户方面拒绝的原因

客户方面拒绝的原因，主要有以下几点。

（1）惯性排斥

生硬地推销往往会招致客户心理上的反感，就如同人们听到保险公司的电话总是习惯性地将其挂掉一样。无论多好的产品，都很难让客户抽出哪怕两分钟的时间来倾听，这并非因为产品不好，而是由于营销人员运用不正确的方式导致的。所以，遇到惯性拒绝不要气馁，不要把矛盾点纠结在产品上，更不要将矛盾点放在客户身上，而是要从自己身上找问题。

（2）风险忧患

金融产品最容易让客户产生的疑问是："这种产品风险大吗？"每个人表达内心想法的方式是不一样的，并非每个客户都会直接坦言内心的真实感受。有人外向，可能会直接提出质疑；有人内向，可能会提出各种各样的借口。情景案例中，客户担心的是网银的安全问题，方便是一把"双刃剑"，为自己带来方便的同时，也可能会埋下安全隐患。同理，人民币理财难道就没有风险吗？这是众多客户内心产生拒绝的关键原因之一。

（3）议价筹码

历史上不乏兵不厌诈的案例，客户中不乏老谋深算的"老江湖"。无论他们希望从你这里得到什么，即使是一个不太值钱的小礼品，都有可能通过挑剔的方式来获得额外的增值服务。有些女生买衣服惯用此招，挑剔线头太多、款式落伍等，也许不等她开口讲价格，老板就主动让价了。针对这样的客户，尽管营销人员已经竭尽全力地让客户感觉到这是底线了，即使可以给她送礼品，其成交过程也是一波三折的。

（4）缺少魄力

魄力与性别无关，即使是男人，有时候也会犹豫不决、瞻前顾后，这在选购金融产品方面属于正常现象。毕竟钱不是万能的，但没有钱是万万不能的。谁都不希望自己做出错误的决定，导致经济损失。面对缺少魄力的客户，营销人员一定要用自己的坚定和自信来影响客户，让他感到这个产品的价值是毋庸置疑的。如果营销人员自己对产品都没信心，那么客户会更没有信心的。

（5）缺乏实力

在以貌取人的世界中，难免会有外表光鲜而囊中羞涩的人；而在金融行业中，难免会有嫌贫爱富的偏好。如果营销人员找的客户是外表看似有钱、实则实力欠佳的客户，那么不妨采取以退为进的应对方式。例如，从黄金转为基金，从基金转为定投，从定投转为网银，尽量争取每一次都能成交。

（6）精挑细选

精明的客户是不会轻易出手的，即使买瓶酱油都希望能够货比三家，更何况买金融产品呢？他们一般会权衡了利弊得失、锁定了性价比最高的产品之后再出手。针对这样的客户，如果营销人员拿出周边公司同类产品的精准数据，进行有理有据的比较和分析，让客户感到这种产品的性价比很高，也许能让客户下定成交的决心。

2. 巧妙应对客户拒绝的真假问题

客户的拒绝问题通常有真问题和假问题的区别，我们需要区分并正确处理实质异议的问题。什么是假问题？假问题包括客户的借口、搪塞甚至烟幕弹。例如，

我还要想一想；我和家人商量后才决定；还不是时候，再等等吧。

这类异议通常是借口，如果理财经理直接去处理借口，将永远不能驱

走客户脑子里的问号，不能解决根本问题。这类拒绝产生的根本原因可能是理财经理没有赢得客户的信任；或是理财经理没有了解客户的真实需求，所提出的解决方案不能解决客户真正关心的问题；或是理财经理没有清晰地讲解说明，客户还对某些信息有疑惑。

什么是真问题？真问题就是客户对于理财经理之前所讨论的内容仍然存在很多疑问，包括对于某些信息的疑惑，理财经理对某些问题解释得不清楚，客户内心还有真实疑问未被解答。真问题是我们可以继续探讨和解释，进一步解答的问题。所以在我们判断真假问题时，需要清晰认识到，每个假问题背后都是存在着真问题未被解决，才会让客户没了信心和耐心。

理财经理如何应对呢？我们也同样通过以下话术学习一下。

客户：我再考虑一下吧。(假问题)

理财经理：我非常认同您的想法，您有这样的想法是很自然的。请问一下是哪一方面您还需要再考虑呢？是关于我们刚才讨论的产品细节还是其他？我是不是还可以再提供一点资料，或者您可以具体列出来还有哪些问题点，我可以再为您一一解答？

理财经理：我完全理解您的观点。理财是与您和家人的将来、幸福息息相关的事，这么重要的事，应该和家人讨论的。您要讨论哪一方面呢？我可以给您提供更多资料，或者我可以给您家人也做个讲解。

理财经理：您有这样的想法非常合理。投资理财是一个家庭非常重要的决定，您需要慎重考虑是非常有必要的。您可不可以让我了解一下，您需要考虑哪些方面呢？我可以用 10 分钟时间帮您整理一下，看看有没有遗漏的方面，正好可以补充说明一下。

客户：我没兴趣。(假问题)

理财经理：我很理解您现在的想法，对一个不完全了解的理财产品当然不可能立刻产生兴趣，有疑虑、有问题是十分合理自然的。投资理财不单单是买理财产品，更多的是让我从专业角度帮您分析和解决您的财务上的问题。您是否可以把心中的疑问和我具体说说，我可以帮您解答，当您深入了解了，知道我可以帮您做些什么，说不定自然而然就有兴趣了。

客户：我没时间，现在没空考虑这些，再说吧。（假问题）

理财经理：我非常理解您，您是成功人士，每天的24小时时间巴不得当作48小时。我想和您说的是，投资理财是您及家人在各阶段都必须十分重视的议题。我希望能够和您约个半小时时间，详细谈谈这方面的内容，也可以在理财规划方面给您一些我的专业建议，帮您检视一下理财方面的问题。您看是本周三还是周四下午有时间呢?

在我们与客户交流沟通的过程中，一旦遇到此类拒绝问题，理财经理不必沮丧。应对拒绝问题有“四不要”的原则可以遵循：

①不要总是解释自己的立场和处境（客户不关心）。

②不要反驳客户的观点（尊重客户）。

③不要忽视客户问题（客户的真实需求）。

④不要不断说产品的特性和优点（显得营销目的太强，客户会反感）。

3. 应对电话邀约的拒绝

理财经理在给客户打电话邀约客户面谈时经常会碰到以下的“借口”：请寄书面资料给我；我已经有了长期合作的银行；我暂时没有这个需求，等有时再联系你们。

下面就介绍理财经理在电话拜访客户时对不同借口的应对方法。

（1）“请寄书面资料给我”

这是客户拒绝销售人员的一种常见借口，这个拒绝的含义就是，我不想见你，但我不好意思说出口。这一“借口”根本不需要做太多的解释就可以把理财经理拒于门外。这种情况下，相信大部分理财经理都只能依客户要求寄出资料。合格的理财经理会在寄出资料后，选择合适的时机再打电话继续跟进，并继续在电话中巧妙安排与对方的会面机会。

当客户要求先邮寄资料看看时，我们可以这样来与客户沟通，相信效果会更好。

> ××先生，我非常理解您的想法，资料我稍后会寄给您。今天我和您打电话的目的其实不仅仅是为您介绍一款新产品，更重要的是非常希望能邀请您抽空来我公司见个面，我们进行一次深入面谈。关于家庭理财规划与投资决策，我们仅靠打几次电话是不能很好沟通的，我更希望作为专业理财顾问全面了解一下您目前的理财目标以及在这段时间理财当中所面临的难题，我可以给您一些金融理财方面的建议。毕竟作为您的理财顾问，我的职责就是帮助您实现理财目标，解决财务方面的难题。所以，您看这周四或周五哪天您可以抽出时间，我在公司等您？

金融产品和服务的易得性与相似性，使得竞争激烈。而我们的竞争优势的秘密在于作为理财顾问必须要将产品和服务进行独特定位的能力，让客户感觉到我们是与众不同的，是专业的，是具有独特价值的。这意味着我们必须要让客户清楚我们要做什么，为什么要做，为谁而做。只有这样，理财顾问身上的使命或目标才会像磁铁一样吸引更多的客户。

（2）“我已经有了长期合作的银行”

这样的理由听起来会让理财经理非常沮丧，说明已经有竞争对手抢在前面与潜在客户建立了业务联系。但是如果这个潜在客户对于理财经理比较重要，那么不要轻言放弃，要全力以赴去争取。

其实，一个已经和竞争对手建立业务关系的潜在客户要比根本就没有需求的客户好得多。客户选择了其他的金融产品或服务，说明他们认识到了这类产品或服务的价值，我们的竞争对手已经替我们做了许多的工作。理财经理要做的就是取得客户信任，进一步确认客户的潜在需求或未得到满足的需求，从而发现潜在业务，争取前进的机会。

当听到客户这样的拒绝时，理财经理可以参考以下内容灵活应对。

> “太好了！这也正是我打电话给您的原因。我们非常清楚目前同业的情况，并已经和许多像您这样的优质客户建立了业务关系，我们能对其他银行提供的产品和服务做出有力的补充。这周三，我正好要到您公司附近办点事，我希望登门拜访您，并想详细解释一下为什么我们能做到这一点。您下午2点还是3点有空呢？”

对理财经理来说，再好的说辞都可能被客户轻易地拒绝。重要的是坚持不懈，没有人一开始就会被别人接受，特别是陌生人；而在坚持过后，你就会逐渐习惯，并不断积累应对客户各种拒绝借口的经验。当你慢慢地拥有了一个客户圈的时候，通过客户的互相介绍，你的成功率将大大提高。没有人不害怕被拒绝，但理财经理的信心和信念应该非常强，要达到将抗拒变成耳边风的习惯。同时要抱定一个信条：永远不要以拒绝为答案。

（3）“我暂时没有这个需求，等有时间再联系你们”

销售是一个过程，而不是一个偶然事件。理财经理不可能指望每一位老客户和潜在客户能立刻给你回报。但是，因为你所努力的对象在目标市场内，因此每一个客户都有可能是“高质量”客户。客户的需求是通过我们不断引导和激发而产生的，客户说没有需求不代表他完全没有需求，理财经理可以参考下面的回答回复此类拒绝，看看是否可以帮我们拓宽一下思路。

> “张女士，我们已经和很多与您情况类似的客户建立了良好的关系。事实上，在花时间与我们接触之前，他们也和您现在的感觉一样，觉得没有理财需求。我们每个人的金融需求其实是非常多而且复杂的，不同的人在不同年龄阶段，不同家庭情况，不同收支情况下，

会有不同的财务规划和投资选择。我也非常愿意了解一下您的想法，提供更多资讯和专业建议给您。下周一我正好要到你们公司附近办事，我想来拜访您一下。下午两点您有空吗？”

以上介绍的是理财经理电话拜访客户时常见的拒绝借口及应对办法，需要提醒注意的是，对拒绝理由做好充分的准备必然会有所回报；理财经理可以对所有的拒绝理由做出简单的回应，肯定客户有这样想法是我们理解和接受的。同时我们必须再次向客户说明我们的价值所在，我们可以做什么，可以为客户解决什么问题，这是核心的意义所在；通常我们不建议在电话中给未见过面的客户直接介绍产品，这种电话销售通常都是无果的。电话销售更多的是销售理财经理本身，赢得见面面谈机会，让客户在电话中对理财顾问产生亲切感，愿意持续关系，其实就是成功了；如果客户真的并不想见你，那就要有礼貌地尊重客户的选择。

利用工具与客户保持跟进联系

有人说，真正的销售是从售后开始的。售后服务也是销售的重要组成部分，是理财经理与客户建立融洽关系的渠道，做好了售后服务，也就能够更好地提高销售业绩。

那么，该如何维护交情，跟进客户呢？理财经理不妨利用工具与客户保持跟进。

1. 电话

电话是与客户建立长期联系的最常用工具。利用电话与客户建立良好关系方便、快捷，要充分利用这种工具。

在成交以后，至少要给客户打 3 次电话。如果没有及时跟进，会引起客户的不满，甚至导致前功尽弃。一位成功的理财经理要时时记得这样一个道理：成交并不是最终的结局，还要成功地留住自己的客户，因为拥有一个忠实的老客户比开发一个新客户要容易得多。

所以，在恰当的时机给客户打电话，不仅能够提高客户的忠诚度，还有机会赢得客户的推荐。

2. 电子邮件

电子邮件也是目前主流的沟通联系方式之一，可以随时随地给目标客户发送期望传达的资讯，而不会受到任何限制，如大家常用的节假日祝福、新产品资料、定期的电子期刊等。而且，电子邮件具有群发功能，加上配合对应的软件，可以做到针对某个特定群体的发送，成本低廉而且效率很高。

不过，电子邮件的缺陷也是非常明显的。几乎所有人都知道电子邮件是不用花钱的联系工具，客户每天打开邮箱就是一大堆的未读邮件，已经成为一种很让人头疼的事情，于是客户就会对垃圾邮件进行屏蔽处理，其中可能就包括你所发的电子邮件。

如果在发送电子邮件的时候，已经取得了客户的同意，事先就有了约定，那自然无妨。不过如果你是给那些暂时没有需求的客户发电子邮件，或者只是定期发送邮件与客户保持着若即若离的联系，让客户不至于忘记自己，或者发送邮件仅仅是为了寻找销售线索，则需要注意以下几点。

（1）设置有吸引力的标题

一般情况下，客户在点开邮箱时，都是根据发送人或者主题来确定是否阅读或阅读的先后顺序的。客户能够一眼看出来发件人是谁，不过，除了少数在通信录里有保存的熟人以外，大部分电子邮件客户还是不清楚究竟是谁发送的。这时候客户就会通过电子邮件的标题来判断电子邮件是否有价值，而这恰好是电话理财经理可以发挥、利用的地方。

有很多电话理财经理在发送电子邮件时有个坏毛病，就是在标题中告诉客户他们要讲的是什么内容，这是非常糟糕的事情。除非你的内容十分具有冲击力，否则客户已经可以由此做出是否阅读这封邮件的决定，你也失去了激发客户好奇心和兴趣的机会了。

发送非预约电子邮件的首个准则就是通过标题让客户感到新奇，标题应当设置得非常简单，不管内容是好是坏，客户有没有打开看才是最重要的。

（2）内容要新颖，有实际帮助

即便是客户现在已经打开了你的电子邮件，但是留给你的时间不会超过 20 秒钟，客户大概扫描之后，会马上判断是需要阅读还是立刻删除该邮件。

发送电子邮件时要根据客户所属行业、职位、爱好的不同，尽量做到对客户有所帮助，这是电子邮件是否有效的关键所在。

另外，传真的使用方式和电子邮件非常相似，而且现在大家使用的传真已经开始转向电子传真，几乎和发电子邮件一样。发送传真时大家需要注意的也差不多，请按照上面分享的策略进行就可以了。

3. 手机短信

手机现在已经成为人人必备的一种通信工具，短信则是其中的一项重要功能。每当到了节假日的时候，都会收到少则几十条、多则上百条的祝福短信，这一点相信大家都深有体会。

电话客户可以不听，QQ 客户可以不聊，电子邮件客户可以不看，但是手机短信客户则不可以不收，也不可以不看。只要不是某些短信端口发出的，否则一看就知道是推销短信。

一般来说，通过手机短信推荐产品只适合于某些有独特利益的产品，或者是具有吸引力的信息，如房地产企业的促销活动通知等，并且其中使用了专门的群发短信功能，客户资料也是经过挑选的。在纯粹的电话销售中，手机短信更多的是起到问候与联络感情的作用，就像之前谈到的节假日祝福等一样。隔一段时间发送一条手机短信，这样到了真正打电话的时候，客户因为你之前的付出不会直接挂掉你的电话，同时还有建立信赖感的作用。

在使用手机短信的时候，尽量言简意赅，一般可以控制在 70 个字以内，这样正好是一条常规短信的最多字数。同时注意，所有发送的短信一定要记得署名。很多人发短信的时候不记得署名，客户看了都不知道是谁发送的。另外，群发信息的时候，应尽量明确定义客户数据库，向潜在有效的目标客户群发送。

4. 微信

现在微信交往非常方便也很流行，微信平台是建立自己公众形象的最佳途径，理财经理可以建设一个投资理财微信群或者发朋友圈，分享新资讯，推荐新的产品。也可以利用微信为老客户服务，介绍每天的收益情况。

那么如何才能挖掘客户的长期价值，有效地维护老客户？

（1）发点优惠给老客户

如向微信老客户发布赠品、礼品、优惠等信息。经常和客户沟通交流，容易保持融洽的关系与和睦的气氛。尽量多跟客户沟通，告知客户最新推出的理财产品，提供一些优惠打折的信息，或简单地问问他们是否有需要帮助的地方。具体沟通什么其实并不重要，重要的是你去沟通了。通过微信或者微博等途径跟你的客户保持联系，让客户知道，无论什么时候，只要他需要你，你就会在他身边。

（2）特殊顾客特殊对待

根据 80/20 原则，公司 80% 的利润是由 20% 的客户创造的，所以要根据客户本身的价值利润来细分客户，并密切关注高价值的微信客户，保证他们可以获得应得的特殊服务和待遇，使他们成为公司的忠诚客户。

（3）让微信客户第一时间想到你

要想让客户在下次购买同类产品时首先想到你，你必须跟客户建立私人的联系。与客户建立私人的联系是用来维系客户关系的重要方式。日常的拜访、节假日的问候、生日时的一句祝福，都会使客户感动。

（4）提供系统化解决方案

不仅仅停留在向客户销售产品的层面上，要主动为他们量身定做一套适合的系统解决方案，在更广范围内关心和支持顾客发展，增强顾客购买力，扩大其购买规模，或者与顾客共同探讨新的消费途径和消费方式，创造推动新的需求。

（5）寻求反馈

向你的微信客户寻求反馈和意见，问问他们对你产品和服务是否满意。

（6）跟进回访

你不可能一次就打动一个客户，也不可能轻易让某个客户成为你的长期客户，你必须经常跟他们保持联系。像其他有价值的事情一样，持续跟进微信客户也需要花费很多精力，但是随着时间的推移你会收获很多。

（7）成交顾客

你帮助过他们，他们买你的产品和帮你转介绍就是一件很容易的事情，大家都听过一句话，关系到了一切成交都不在话下。

（8）树立微信中的个人职业形象

为了让客户感受到你的专业和职业，最好在微信朋友圈中发一些与投资相关的资讯、政策或者热卖的产品信息。尽量避免让你的客户看到你的个人生活隐私图片及相关信息，以保持你在客户心目中稳重、专业、安全、可靠的职业形象。

其实维护微信老客户的秘诀就是通过各种方式圈住更多的顾客，提供一些免费的服务和产品。通过报纸上做宣传、网站上做推广、合作的方式等，把免费的服务送出去，从而获得更多的客户。另外你要记得人的感情需要慢慢培养，尤其是微信这么私密的 App（应用程序）。通过推广手段把客户请到微信里，跟他们建立一种长期的关系，不断提供价值给他们。

这样老客户自然会继续买理财产品，给你带来利润。

5. 礼品

送礼不在于金钱的多少，而在于送什么样的礼物。礼物过于珍贵，会有行贿的嫌疑，反而吃力不讨好。选择什么礼品，怎么送，这里面有大学问。以下提供几点建议供参考：

①礼品不在大小，贵在投其所好。所以，一定要分析客户的需求，根据不同情况，选择不同价值的礼品，既表达谢意，又不至于使客户尴尬。比如，有个老大级人物，平时重身份，不抽烟，送他一个烟嘴自然毫无意义了。

②选择赠送礼品的最佳时机，才能留下更深的印象。中国人最重视的两个节日——中秋节和春节，是最适宜送礼的日子。

③赠送的礼品要品质优、适用性强、经久耐用，最好更具有私人性、专一性。

④礼品的包装要精致美观，吸引人。

6. QQ 在线聊天

现在，QQ 已经成为很普遍的网络交流工具，为电话理财经理与客户进行即时沟通提供了很大的便利。虽然邮件的功能也越来越强大，但邮件传输有时容易出错，通过 QQ 即时传输，可以将信息及时准确地传递到关键人物手中。同时，也可以为客户出谋划策，提供其他方面的帮助。不过，网上聊天比较费时间，理财经理也要注意把握好度。

7. 客户联谊

与客户共同组织联谊活动，如组织球队进行比赛、共同举办文艺演出等，体现了对客户的尊重，也是与客户建立长期关系的好办法。

定期举办各种主题的客户联谊活动，以进一步增强客户关系。不过，这种联谊活动所动用的资源较多，需要团队的力量，不宜常用，一般一年举办一次就可以了。

客户亏了钱，理财经理怎么办

在过去几年里，国内金融市场遭逢熊市，有很多理财经理都有这样的体验。面对客户投资基金亏损，有的基金理财经理感觉孤立无援，压力很大，有的被迫换工作、换手机号码，有的不停向客户道歉，甚至买礼物送给客户。其实，以上这些做法都不得要领。

无论亏损的客户是因公司资源分配而来，还是理财经理自己开发而来，在与客户诚挚沟通的基础上，告诉其正确的投资观念，是最重要的。股票投资家彼得·林奇说："清楚地知道你的投资，以及你对其投资的理由。"帮助客户认识其投资内涵及理由，是理财经理的工作；负理财盈亏之责，是客户自己的事情。客户才是每笔投资的真正主角，理财经理只是引其入门的领航员。面对客户投资亏损或获利不如预期是理财经理从事"财富管理工作"的第一堂必修课。以下归纳几条面对客户亏损时的行动纲领，供参考。

①要防患于未然。将基金投资的风险，先行翔实告知客户，不可隐瞒。

②给予客户安慰，随即与客户真诚地沟通正确的投资观念，帮助客户改善投资计划、提高获利概率。

③面对抱怨态度坦然自若、不卑不亢；完全理解客户的损失，但也站定立场，清楚陈述投资理财的理念。

④耐心倾听客户的投诉抱怨（其实客户也知道你不可能会补偿他的损失，有时候只是想向你抱怨倾诉来发泄他的不满之情），待客户发泄完冷静后，进一步协助其认识基金投资的内涵，及是否需要立刻予以调整。

“投资有风险，过往业绩不代表未来收益保证，投资人在投资前应详阅基金合同、招募说明书。”这句警语是保障投资人权益的重要提醒。理财经理凭借的就是“专业”，要对产品、市场相关资讯充分理解与把握，事先要了解客户的投资属性（风险承受能力）及理财目标，再为客户的投资做好“资产配置”。

勉励每位理财经理或即将成为理财经理的人：国内的财富管理业务刚刚萌芽，好好认真学习理财知识、积累经验，这个职业的发展前途是非常大的。

实用工具

客户管理跟进表

客户管理跟进表

序号	客户	电话	理财产品	本月第一次跟进		本月第二次跟进		本月第三次跟进		本月第四次跟进		备注
				跟进结果	下次跟进建议	跟进结果	下次跟进建议	跟进结果	下次跟进建议	跟进结果	下次跟进建议	

后　记

本书是笔者多年培训实践及研究心血的成果，从理财经理的公关能力、产品介绍、异议解除、缔结成交、客户服务等实际营销能力入手，将营销涉及的理财产品的销售以案例与方法相结合的方式呈现出来，简洁明了地指出当前存在的问题，以及应对的方法，并附以通俗易懂的销售话术，能够做到真正地帮助理财经理创造销售佳绩。

这个世界最宽广的是大海，比大海更宽广的是天空，比天空更宽广的是理财经理的远大志向。笔者认为，只有志向远大的理财经理才能有所作为。“苟日新，日日新，又日新。”这是《礼记·大学》中的一句话，要想成为一名优秀的理财经理，就要不断前进，每天都有所作为，不断积累，才能优秀。希望本书能给理财经理一点心灵的触动，进而有所体悟和洞见。

最后，要感谢朋友们一直无私的关怀和支持。师长、亲人、同事的支持与帮助是本书得以出版的力量源泉。在此，向各位曾经关心、帮助过本书出版工作的朋友们表示最衷心的感谢与诚挚的祝福。

作　者
2016 年 3 月